BESTSELLER

CARLOS BRASSEL

**Las mejores técnicas
para hablar en público**

DEBOLS!LLO

El papel utilizado para la impresión de este libro ha sido fabricado a partir de madera procedente de bosques y plantaciones gestionadas con los más altos estándares ambientales, garantizando una explotación de los recursos sostenible con el medio ambiente y beneficiosa para las personas.

Penguin
Random House
Grupo Editorial

Las mejores técnicas para hablar en público

Primera edición en Debolsillo: 2005
Segunda edición: enero, 2015
Primera reimpresión: septiembre, 2015
Segunda reimpresión: enero, 2016
Tercera reimpresión: abril, 2016
Cuarta reimpresión: julio, 2016
Quinta reimpresión: septiembre, 2016
Sexta reimpresión: enero, 2017
Séptima reimpresión: febrero, 2017
Octava reimpresión: diciembre, 2017
Novena reimpresión: noviembre, 2019
Décima reimpresión: febrero, 2020
Undécima reimpresión: julio, 2022
Décima segunda reimpresión: abril, 2023
Décima tercera reimpresión: diciembre, 2023

D. R. © 2005, Carlos Brassel

D. R. © 2023, derechos de edición mundiales en lengua castellana:
Penguin Random House Grupo Editorial, S. A. de C. V.
Blvd. Miguel de Cervantes Saavedra núm. 301, 1er piso,
colonia Granada, alcaldía Miguel Hidalgo, C. P. 11520,
Ciudad de México

penguinlibros.com

Diseño de portada: Penguin Random House / Diego Medrano
Fotografía de portada: © Thinkstock

Penguin Random House Grupo Editorial apoya la protección del *copyright*.
El *copyright* estimula la creatividad, defiende la diversidad en el ámbito de las ideas y el conocimiento, promueve la libre expresión y favorece una cultura viva. Gracias por comprar una edición autorizada de este libro y por respetar las leyes del Derecho de Autor y *copyright*. Al hacerlo está respaldando a los autores y permitiendo que PRHGE continúe publicando libros para todos los lectores.

Queda prohibido bajo las sanciones establecidas por las leyes escanear, reproducir total o parcialmente esta obra por cualquier medio o procedimiento así como la distribución de ejemplares mediante alquiler o préstamo público sin previa autorización.
Si necesita fotocopiar o escanear algún fragmento de esta obra diríjase a CemPro
(Centro Mexicano de Protección y Fomento de los Derechos de Autor, https://cempro.com.mx).

ISBN: 978-607-312-913-8

Impreso en México – *Printed in Mexico*

A mi amigo y maestro:
Monir Salum Kattas

Al padre y a la hija:
Don Miguel Maldonado, partícipe en la docencia,
y a su hermosa hija Georgina

Aplica tu corazón a la enseñanza, pues te será dulce conservarla en tu pecho y tenerla pronta en tus labios..., porque fuente de vida es la boca del justo.

Libro de los proverbios

Índice

PRÓLOGO 13

I. El encuentro 17
II. Presentación y posición 25
III. El saludo 39
IV. El principio 51
V. La construcción del mensaje 65
VI. El final y el contacto visual 81
VII. La respiración y la voz 93
VIII. Movimientos del cuerpo y ademanes 105
IX. La improvisación 117
X. Los recursos del expositor 131
XI. El mensaje escrito y leído 145
XII. Situaciones desfavorables 157

XIII.	El maestro de ceremonias	171
XIV.	La senda luminosa	183
XV.	Los tiempos cambian	191
	Epílogo	221

Prólogo

En el siglo IV a. C. gobernaba en Siracusa el tirano Dionisio I. Entre sus cortesanos había uno, llamado Damocles, que criticaba continuamente al tirano, diciendo que se daba la gran vida como gobernante.

Dionisio lo mandó llamar y le dijo que si quería saber lo que significaba gobernar lo invitaba a que fuera tirano por una noche. Damocles aceptó con gusto.

La noche acordada, Damocles se presentó en el palacio y fue recibido con un gran banquete. Lógicamente, fue sentado en el sitio de honor.

Observó que la gente se le quedaba viendo, pero de inmediato levantaban la mirada por encima de su cabeza. Damocles vio hacia arriba y se dio cuenta que sobre su cabeza pendía una enorme espada colgada del techo por un hilo fino. Su primera reacción fue tratar de mover su asiento, pero éste se encontraba anclado al piso. Quiso entonces cambiar de lugar, pero Dionisio le hizo ver que si quería ser el tirano tenía que ocupar el lugar de honor, y le mencionó que si bien gobernar significaba algunos privilegios, también representaba obligaciones y peligros.

Desde entonces, hasta nuestros días, cuando enfrentamos alguna dificultad o peligro, se dice que pende sobre nuestra cabeza la espada de Damocles. Pocas ocasiones se prestan mejor para sentir esta sensación que cuando tenemos que hablar en público.

Uno de los temores más grandes del ser humano, calificado como el mayor en una encuesta del *London Times*, es hablar en público. Considero que esto se debe a que cuando nos colocamos frente a un grupo para dirigirles la palabra sentimos que está en juego uno de nuestros mayores tesoros: la opinión que los demás tienen de nosotros. Si lo hacemos mal, nos veremos desprestigiados.

Pero la moneda tiene dos caras. Si nuestra actuación frente a un grupo es exitosa, creceremos notablemente en la calificación de la gente que nos vio triunfar en una situación que ellos mismos temen enfrentar.

La fórmula para que la moneda siempre caiga del lado que nos conviene es el conocimiento y la aplicación de las técnicas para hablar en público, y es lo que este libro ofrece.

La persona que se sabe expresar con éxito en público recoge admiración, reconocimiento, liderazgo. Crece su autoestima, sus posibilidades de ascenso en la vida laboral y social; mejora su relación con los demás y sus opiniones adquieren peso y prestigio.

La buena noticia es que los conocimientos requeridos para este éxito son fáciles de adquirir. Este libro los presenta en forma amena y sencilla, a través de una trama novelada, ya que nos cuenta la historia de cómo supuestamente Juan El Bautista aprendió a comunicarse exitosamente ante grupos, en la Palestina del siglo primero, por medio de las enseñanzas de un maestro griego de retórica.

El libro incluye un último capítulo sobre la tecnología, la cual se ha convertido en un aliado indispensable del orador moderno. Siguiendo la misma metodología, es ahora una ejecutiva moderna, que ha leído las enseñanzas del maestro griego, quien instruye a un colaborador, entre otras cosas, sobre el uso adecuado del micrófono y de los recursos de la computadora para proyectar imágenes que sean fuente positiva de información y no, como se hace con frecuencia, una pantalla colmada de datos que confunden.

Este libro pone a su servicio mis treinta años como capacitador en técnicas para hablar en público, donde he tenido la oportunidad de escuchar y evaluar más de ochenta y dos mil discursos, con el deseo de ser su colaborador para que su palabra, bien manejada, se convierta en una llave que le permita abrir la mente de sus oyentes, y llegar incluso a sus corazones, para ganar amigos, reconocimiento y una feliz y productiva estancia en este mundo.

CARLOS BRASSEL

CAPÍTULO I

El encuentro

«¡Cuidado!», fue el grito de advertencia del sirviente. Demasiado tarde, la víbora había erguido su cabeza en señal de reto, y el caballo, asustado, levantó sus patas delanteras.

Lidias, ensimismado en sus pensamientos, no tuvo tiempo de reaccionar con prontitud y fue arrojado de su cabalgadura al suelo.

Al ver al viejo tirado en el camino, la serpiente dirigió contra él su mortal instinto de ataque.

«Sssshhh...»

La flecha penetró en el centro de la cabeza de la víbora, que se desplomó muerta.

El arquero, que se hallaba como a diez pasos de la escena, se encaminó, con cara de satisfacción por el tiro logrado, en ayuda del anciano Lidias.

El sirviente, que se había alejado asustado, regresó también en auxilio de su amo y sacudió las vestiduras de éste.

—¿No se hizo daño? —preguntó el joven arquero.

—No, fue mayor el susto que el golpe. Muchas gracias. Y dígame: ¿a quién debo este providencial salvamento?

—Mi nombre es Juan bar Zacarías, y no suelo ser tan acertado con el arco, pero el Señor puso en mis manos, para este tiro en particular, habilidad adicional, como si señalara con ello la importancia de nuestro encuentro.

—Los caminos de la divinidad no son construidos para entenderse, sino para seguirlos. Permite que me presente: soy el *rhetor* Lidias, quien nuevamente agradece a tus manos, y a quien las dirigió, la oportuna destrucción de este animal maligno.

—¿Eres griego, buen hombre?

—Originario de Atenas, patria de hombres pensantes.

—¿Te encaminas a Jerusalén?

—Así es, Juan bar Zacarías.

—Yo también. Si gustas viajaremos juntos.

—Será un placer y un honor.

Lidias ordenó a su sirviente que recuperara el caballo que había huido y los siguiera e inició la marcha al lado de Juan.

—Entiendo que el título de *rhetor* se confiere a quien enseña la oratoria —comentó Juan.

—Justamente, es una profesión muy antigua en mi tierra, ya que los griegos siempre hemos conferido vital importancia a la adecuada conversión de pensamientos en palabras.

—La oratoria debe ser una disciplina reservada a quienes han sido dotados por el Creador de facultades apropiadas...

—Te equivocas, Juan bar Zacarías, los romanos dicen, con razón, que el poeta nace y el orador se hace.

—¿Cualquiera puede ser orador? —preguntó Juan entusiasmado.

—Desde luego, si pone el empeño suficiente. Como en la generalidad del quehacer humano, si hay constancia y determinación por aprender a comunicarse con los demás, se puede lograr.

—Pero la oratoria no es comunicarse con otra persona, es dirigirse a un grupo, y eso le da miedo a cualquiera.

—Después de la muerte, el mayor temor de los seres humanos es hacer el ridículo. El orador, al darse cuenta que es el punto de convergencia de las miradas, se siente a sí mismo altamente expuesto a caer en el temido ridículo. El conocimiento de las reglas del arte de hablar en público no sólo nos da la confianza suficiente para saber que no caeremos en él sino que, al seguir recomendaciones muy sencillas, podremos transmitir mensajes que conquisten a nuestro auditorio.

—Pero, los nervios, *rhetor* Lidias, ¿qué se hace con ellos?

—Son compañeros inseparables del orador. Ya decía Cicerón que ningún mensaje público de valía se pronuncia sin nerviosismo. Con el aprendizaje de la técnica se consigue convertir la tensión nerviosa en aliada y no en enemiga; ten presente que los nervios son manifestación de vitalidad, de que estamos sintiendo profundamente lo que estamos viviendo, y eso debe aprovecharse, no suprimirse.

—Yo desearía aprender esa técnica, pero no creo tener la capacidad.

—No es capacidad, Juan, es deseo lo que cuenta. Los seres humanos tenemos posibilidades insospechadas de realizar, de materializar sueños y esperanzas; pero debemos transitar del pensar al hacer, y esto requiere esfuerzo, decisión. Muchas veces preferimos esperar a que las circunstancias sean propicias, casi a que se realice un milagro que nos lleve a la obtención de nuestro anhelo sin tener que trabajar, sin darnos cuenta que sepultamos el deseo en la tumba de la indolencia.

—Es cierto, *rhetor* Lidias, el primer paso suele ser el más difícil de todo el camino; una vez que nos decidimos, que iniciamos una acción, la ruptura de la inactividad nos impulsa a continuar hasta completar la tarea.

—Estoy en deuda contigo, Juan, y si tu deseo de aprender a comunicarte adecuadamente ante grupos es lo suficientemente fuerte como para apegarte a una disciplina de aprendizaje y práctica, estaría en disposición de enseñarte.

El rostro de Juan se iluminó de alegría y respondió con prontitud:

—¡Sería maravilloso!

—Antes tenemos que aclarar algunos aspectos. En primer lugar, dime, Juan bar Zacarías: ¿por qué deseas aprender oratoria?

—Soy hijo de un importante rabí, maestro de la ley de Yavé, y deseo emular a mi padre en la transmisión de la palabra de nuestro Dios, aunque siento una rebeldía hacia los ritos y las fórmulas actuales. Pienso que el Señor quiere de mí la propagación de un nuevo camino, que aún no conozco y que ansío descubrir, pero este quehacer requiere de una palabra ágil, de la cual carezco.

—Cuando la causa es noble, los medios para alcanzarla florecen. Hasta aquí vamos por buen camino; pero debo advertirte que nada lograrás, y nada podré hacer por ti, mientras no exista un compromiso serio, honesto, para apegarte a una disciplina, que, en primer término, exige asistencia puntual y permanente a una reunión semanal conmigo, durante doce semanas ininterrumpidas.

—Desde luego, maestro Lidias..., ¿puedo llamarte mi maestro?

—Por supuesto, Juan, estamos sellando un trato que te convierte en mi alumno, aunque también debo aclararte mi posición: yo practico una retórica que busca la comunicación entre mi espíritu y el de mis oyentes, que no tuerce los caminos, que no embrolla las palabras para persuadir con abuso intelectual, con soberbia cultural, con elocuencia gramatical.

—Estoy de acuerdo, maestro.

—Ten presente que si tus palabras no tienden un puente con sogas de amistad y comprensión, de sinceridad y honestidad, nunca será tuya la fidelidad de tus oyentes. Podrás dominar su atención con tu voz, aturdir sus mentes al apedrear sus oídos con tus palabras, pero una vez repuestos, te repudiarán.

—Coincido con tus observaciones, maestro Lidias, no es mi interés propagar mentiras, no deseo influencia política comprada con engaños; quiero únicamente llevar al pueblo la palabra del Señor, interpretada a través del cristal de mi verdad.

—Quien vive su verdad encuentra libertad, Juan, me da gusto descubrir en ti valores que merecen apoyo.

—¿Me puedo considerar ya tu discípulo?

—Bajo las condiciones citadas, lo eres desde este momento.

—Me das una gran alegría, maestro Lidias, ciertamente el Señor me envió este día a tu encuentro como señal de que acepta mi sumisión a su mandato.

—Cada semana deberás visitarme en mi casa, doce estadios a las afueras de Jerusalén, camino a Betania, al caer el día.

—Lo haré. Dime ahora, maestro: ¿qué haces por estas tierras tan alejadas de tu patria?

—He estudiado, en las fuentes del conocimiento filosófico de mi Grecia natal, la causa suprema de la vida, del orden y belleza de la Naturaleza, pero las respuestas alimentan mi raciocinio sin llegar al corazón. En búsqueda del espacio que me falta, he recorrido el mundo y decidí permanecer en Judea porque es aquí donde una creencia de Dios único abre mis expectativas, aunque pienso, y coincido contigo, que una lápida ritual se ha encargado de sepultar el fondo para concentrarse en la forma del mensaje de vuestro Yavé.

—Ciertamente, maestro.

—Si la fortuna me permite verlo, será el mesías a quienes ustedes esperan como liberador del yugo romano, y a quien yo concibo en forma distinta, como redentor de la ceguera religiosa, el que destape las verdades enterradas y me permita congeniar las fuerzas de mi mente con los latidos de mi corazón.

—Siento, maestro Lidias, que nuestro encuentro propiciará la satisfacción de nuestros mutuos anhelos —agregó Juan bar Zacarías.

Lección

A través del conocimiento de las técnicas para hablar en público, se logra la autoconfianza necesaria para saber que podemos desterrar el miedo al ridículo que suele sentir el expositor, y canalizar positivamente la tensión nerviosa para que nuestro mensaje resulte atractivo e interesante, la gente guste de escucharnos, siga nuestras recomendaciones, recuerde nuestras palabras y se lleve el mensaje a su casa.

CAPÍTULO II

Presentación y posición

Juan se presentó puntual para la primera lección y el anciano Lidias, tomándolo del brazo, inició la marcha al tiempo que le decía:

—Los antiguos maestros griegos enseñaban caminando. Yo he seguido su método porque la marcha ha retardado mi senectud; además, el ejercicio leve relaja las tensiones del cuerpo y despierta el entendimiento para asimilar mejor los conocimientos.

—Yo disfruto mucho la caminata, maestro.

—Hoy iniciamos, Juan bar Zacarías, la primera de doce lecciones que podrán hacer de ti un hombre distinto, pero que no serán gratuitas; si bien yo no exigiré de ti oro ni monedas, deberás pagar el precio con aplicación y constancia, sin lo cual estaré derramando inútilmente mi agua del saber en la arena del desierto. El hombre recibe de la divinidad, gratuitamente, la vida y la muerte, todo lo que hay en medio tiene que ganárselo con esfuerzo y nadie puede realizar el trabajo por ti. La cosecha de tu viña depende de lo que sembraste en ella y del sudor con que la regaste.

—No te decepcionaré, maestro, he visto a muchos hombres vivir sin rumbo, como polvo barrido por el aire, por falta de un propósito que unifique sus esfuerzos. Sé que las oportunidades, como la que tengo ahora de recibir tus conocimientos, sólo tocan una vez a nuestra puerta y no seré de los indolentes que las dejan ir por no molestarse en hospedarlas.

—Recuerda, Juan, son los cumplimientos, y no las promesas, los que acreditan a un hombre.

—Dame el tiempo para probarte mi determinación.

—La confianza mutua es el único lazo de unión permanente entre los seres humanos. Confío en ti Juan y por ello haré tuyos los conocimientos que recibí de mis maestros y a los que he agregado mis experiencias, para que tú seas más sabio que yo, pero menos que tus alumnos, y así pueda continuar el crecimiento del hombre.

Juan acarició la mano de su maestro, en mudo pero expresivo mensaje de agradecimiento.

—Entremos en materia —dijo Lidias—. Quien se coloca frente a un grupo de personas para dirigirles la palabra se convierte en el punto de convergencia de las miradas y todo él será escudriñado de pies a cabeza. El que habla, por su parte, desea que sus palabras penetren como flechas en los oídos de su público, que sean asimiladas, que reposen en el corazón de sus oyentes. Para que sus propósitos se realicen deberá, en primer término, concentrar la atención de su auditorio en las palabras, que son invisibles, venciendo el sentido de la vista, el más dinámico de nuestros medios de percepción. El ojo inquieto debe ser derrotado por el oído inmóvil.

—¿Cómo se logra esto, maestro?

—Inicialmente cuidando dos aspectos: la presentación del orador y su postura.

—¿Qué ropa se debe usar?

—La que sea discreta y pulcra. Si tu manto combina muchos colores, la vista ganará al oído, de igual manera que si adornas tu pecho con colgajos llamativos o tus dedos con sortijas relucientes. Pero ten presente, será necesario conocer la vestimenta predominante en la reunión para estar a tono con ella; no vestirás igual para asistir a una reunión del gran Sanedrín que a un encuentro en el barrio de artesanos.

—Las vestimentas finas son muy costosas, casi nadie puede tener un manto de lana egipcia.

—Nos vestimos con la finalidad primaria de cubrirnos de las inclemencias del tiempo, pero la ropa juega también un papel importante: satisface nuestro gusto personal y nos muestra ante los demás. Nuestro vestido pronuncia la primera palabra de presentación, provoca el primer juicio que se forman de nosotros. Por ello es preferible contar con un manto de lana cardada de buena calidad a varios corrientes, y esto es más cierto para el que menos tiene. Si tu patrimonio es reducido, mayor razón para tener poca ropa, pero de buena calidad; dura más y luces mejor.

—Juzgar a la gente por sus vestimentas es formar juicios temerarios, maestro.

—Cierto, Juan, pero los hombres ven más la envoltura que el contenido. Los costosos perfumes sirios se venden por sus botellas, aunque no tengan mejor aroma que las flores silvestres del Jordán. Es más, cuida todos los aspectos de tu indumentaria; una simple correa de la sandalia zafada atrapará la vista de tu público.

—¿En qué otra cosa repara la gente?

—Las palabras del orador emanan de su boca, es por lo tanto hacia ella, y en general a nuestra cabeza, hacia donde vuelven sus ojos los espectadores una vez que han examinado nuestra ropa. El siguiente cuidado debes, por lo tanto, dedicarlo a tu peinado, al adecuado recorte de tu barba y bigote o al afeite si no portas barba. Cualquier descuido será motivo de distracción; guarda en tu alforja un espejo de cobre y contempla tu imagen momentos antes de presentarte ante tu audiencia. En resumen: viste con la elegancia de la sencillez, acorde a la ocasión, y cuida que en tu presentación no haya nada fuera de sitio que capture la atención del auditorio y lo distraiga de tus palabras.

—Mencionaste la posición, maestro...

—Si puedes escoger entre hablar de pie o hacerlo sentado, escoge lo primero, porque el que está levantado ensalza a los sentados y recrea su vanidad; el sentado entre los sentados es un igual, y el sentado entre los parados muestra superioridad. Manifiesta siempre respeto y consideración por quienes te escuchan; ellos te pagarán con la moneda de su atención.

—Cuando he querido hablar ante un grupo me tiemblan las piernas.

Lidias esbozó una sonrisa comprensiva y continuó con sus recomendaciones:

—Debes mostrar gallardía en tu postura para hacerte respetar, pero ten la cara relajada, sonriente, para indicar el afecto que sientes por los que te escuchan; que tu rostro sea reflejo de tu espíritu: anida en tu corazón cariño por los que te rodean y ellos desearán oírte. Pero vamos a resolver el problema del temblor de piernas...

—¡Qué bueno!, porque los nervios se enredan en mis piernas como serpientes —comentó Juan.

—Planta firme tus pies en el suelo, como el árbol que hunde profundas sus raíces en la tierra, y para que tus piernas sean ese tronco robusto que el aire no puede mover, haz un ejercicio muy sencillo: estando de pie, empuja ligeramente tus rodillas hacia atrás; logras con ello que las piernas adquieran la rigidez de una lanza de fierro y quedar anclado en la tribuna, ganando confianza.

—Cierto, maestro —dijo Juan entusiasmado al comprobar la veracidad de la recomendación de Lidias.

—Debes cargar el peso del cuerpo equitativamente en cada pierna. Pararse sobre un solo pie muestra desdén, desvía el cuerpo de la vertical y tu figura desmerece.

—¿Qué tan separados deben apoyarse los pies?

—No deben estar demasiado abiertos porque tu posición parecerá retadora, ni muy juntos porque puedes bambolearte; colócalos de manera que te sientas cómodo y bien apoyado.

—Me queda, maestro, el problema de las extremidades superiores: no cabe duda que el Señor ha puesto en nuestros brazos y manos las herramientas más nobles para el trabajo, pero veo en muchos, y en mi propia persona, que al hablar en público estas herramientas parecen estorbarnos, no sabemos qué hacer con ellas: cruzamos los brazos sobre el pecho, nos tomamos las manos por atrás, las escondemos bajo el manto o en el ceñidor.

—Los brazos y manos, Juan, son, después de la voz, los elementos más valiosos del orador; pero es preciso aprender primero a caminar para después correr, de modo que los ademanes, nuestros movimientos de las extremidades superiores, los aprenderemos a manejar en futuras lecciones. Por lo pronto dentro de tu gallarda postura de pie debes asumir la posición de firmes natural, sin rigidez militar, con los brazos y manos sueltos, caídos en forma desmayada a los lados del cuerpo. Mantén esta posición invariablemente en tus primeras prácticas; si dominas inicialmente esta disciplina, llegando el momento de hacer ademanes habrás aniquilado cualquier vicio anterior y ganarás una nueva destreza que te merecerá los elogios de todos.

—De manera que la posición del orador es muy importante...

—Mucho, Juan. El orador debe mostrarse dueño de la situación en todo momento, iniciando por una posición firme, porque esto demuestra autoridad y se gana el respeto del público. Una posición insegura en la tribuna hace pensar al auditorio que el orador no tiene suficientes conocimientos y se desanima para escucharle.

—Muy interesante, continúa, maestro.

—El buen vino se toma a sorbos, Juan, no de un trago como si fuera agua. Por hoy es suficiente, ahora debes poner en práctica los consejos que te he dado.

—Pero..., ¿cómo?, ¿en dónde? Sería mejor que me dieras primero mayor instrucción, maestro; hacerme poseedor de toda la riqueza de tu sabiduría y entonces pensar en iniciar la práctica.

—Se aprende para actuar, Juan, y así como la escalera se sube paso a paso, el aprendizaje de la elocuencia se da practicando los sencillos consejos de cada lección. Las grandes tareas, que inicialmente se nos muestran como un imposible, se alcanzan si las cortamos en pequeños trozos y atacamos sólo uno a la vez. Tú debes ahora enfrentar a un público, cuidando únicamente de dominar el aspecto de tu apariencia y una posición firme, gallarda, animosa, que muestre tu deseo de comunicarte con los demás; por lo pronto no te aflijas demasiado por la calidad de tu mensaje, sobre esto trabajaremos más adelante.

—Pero, maestro, la gente se reirá de mí..., no estoy aún preparado.

—Este mundo es de los audaces, Juan, ten presente que la acción mata al miedo y la gente no se ríe de los valientes.

—¿Cuándo será la ocasión propicia?

—Las ocasiones las fabricamos nosotros, quien espera de la vida sus regalos encanece en el olvido. Si tú buscas las oportunidades de hablar en público y aplicas poco a poco los consejos que te iré dando, pronto adquirirás la soltura, la seguridad y lo que más te agradará: el reconocimiento de los otros; a partir de entonces ya no serás tú el que tiene que buscar la ocasión, serán tus amigos, la familia, los conocidos, quienes te suplicarán que les hables. El éxito lo alcanza el que se lanza en su búsqueda.

—¿Debo acudir a la escalinata del templo e iniciar una prédica?

—Empieza por los que te conocen para que después los desconocidos te busquen. Sé que se prepara, en estos días, una fiesta para tu padre porque serán más de ochenta las primaveras que sus ojos han visto. He ahí la ocasión.

—Entiendo, maestro, hablaré delante de mi familia en alabanza y festejo a mi padre, que mucho lo merece.

—Cuida un detalle importante: busca ser presentado por uno de tus parientes. Es más, para hacerle patente al auditorio tu valentía, haz que quien te presente invite primero a los asistentes a tomar la palabra: verás que pocos, o ninguno, se atreven; entonces, al ser presentado, tu audacia será reconocida.

—Buen truco, maestro.

—El ser presentado por otra persona para tomar la palabra más que un truco es darle categoría al orador; cuando se te solicita que dirijas la palabra, como cuando se te pide tu opinión, tus palabras tendrán más peso en quien las escucha que cuando tú solicitas, *motu proprio*, la palabra.

Aquella noche el sueño huyó de Juan. Contempló el caminar de la luna en el firmamento hasta perderse en el horizonte montañoso, cuando la claridad anunciaba el nuevo día.

—¿Por qué será esto tan difícil? —se preguntaba—, si el Señor quisiera podría convertirme en orador de la noche a la mañana, sin tener que pasar estos apuros. Me siento como si tuviera que salir a combatir a una legión romana, armado únicamente con una navaja de barbero.

Juan imaginaba lo que sucedería aquella tarde: su casa pletórica de familiares y amigos que acudían a presentar sus parabienes a su padre, y él, en medio del patio, subido en los escalones de la fuente central dirigiendo la palabra ante la burla y las risas de todos. Sobre su cabeza había caído el turbante del olvido y las palabras no salían de su boca, balbuceaba..., la risa crecía; las piernas le temblaban y de sus manos goteaba sudor frío. No podía más y huía, corriendo a esconderse en la huerta, a llorar su fracaso al pie del sicomoro. «No... no puede ser así —se decía—, no lo haré tan mal.»

A Juan le encantaban las fiestas, se alegraba de ver a sus primos y a sus parientes; disfrutaba particularmente del trato que le dispensaban muchos amigos de su padre, quienes le querían y le saludaban como a un igual, sin relegarlo por su juventud. Cierto que su estatura lo hacía parecer mayor que los jóvenes de su edad, pues flaco y huesudo sobrepasaba en altura a muchos mayores que él. Agrada particularmente a los amigos de su padre la aguda inteligencia de Juan, quien tenía una capacidad innata para llegar a la esencia de los conceptos. Sobresalía también en el conocimiento del Tora, lo que siempre se respetaba y admiraba, más aún tratándose de un joven.

Sin embargo aquel día su entusiasmo por la fiesta se había esfumado. El compromiso contraído consigo mismo de dirigir la palabra en público nublaba la festividad.

El reloj de arena, impasible, traspasaba su contenido, y a la hora undécima, cuando la casa de Zacarías, padre de Juan, se hallaba repleta de invitados, hizo su aparición solemne y teatral el sumo sacerdote Anás. Zacarías lo esperaba en la puerta, atendiendo la solicitud de los criados del patriarca, quien acostumbraba hacerse anunciar con anticipación para garantizarse una recepción con todas las deferencias que consideraba merecer.

Anás, tomado del brazo de Zacarías, entró al patio central de la casa y provocó, a su paso, el silencio generalizado y los saludos con respetuosas inclinaciones de cabeza.

Anás tomó la palabra:

—Estamos aquí para agradecer al Señor, bendito sea su nombre, el haber regalado a nuestro hermano Zacarías una larga vida y para pedir a Yavé que siga derramando su gracia sobre esta familia. Regocijémonos con nuestro hermano Zacarías.

—¡Alabado sea el Señor! —fue la respuesta generalizada.

La atención captada por el sumo sacerdote hacía el momento propicio, de modo que Juan, quien se hallaba al lado de su primo, parado sobre los escalones de la fuente del patio, lo codeó para que iniciara la actuación que tenían planeada.

El primo alzó la voz y dijo a los congregados:

—Hermanos, después de haber escuchado a nuestro preceptor, el rabí Anás, seguramente muchos de ustedes querrán tomar la palabra para expresar sus parabienes a Zacarías. Los invito a pasar aquí, al frente, para que todos los escuchemos.

El silencio fue sepulcral, los concurrentes, nerviosos, volvían la vista hacia el piso, se acomodaban la ropa, jugaban con las sortijas; todo menos ver al primo de Juan para evitar una invitación particular.

El plan resultaba, Juan guiñó a su primo, y éste continuó diciendo:

—Ya que nadie quiere hacerlo, pidamos entonces a Juan, hijo de Zacarías, que dirija a su padre unas palabras:

—Querido padre —dijo Juan con voz entrecortada—, muchas han sido las lecciones que he recibido de ti a lo largo de mi existencia, pero ninguna tan instructiva como el ejemplo de fidelidad al Señor que me has enseñado con tu vida misma. Estoy cierto que el Señor ha premiado tu entrega a su servicio con esta larga vida...

Anás contemplaba la escena con el cejo adusto y la mirada torva. No le pasó desapercibido el hecho de que los dos jóvenes hablaban desde el segundo escalón que ascendía a la fuente del patio: ¡atreverse a dirigir la palabra a mayor altura que el sumo sacerdote! —pensaba encolerizado— además, le habían robado la atención de la concurrencia.

Haciendo valer su investidura, Anás dirigió la palabra a Zacarías, en voz suficientemente alta para hacer oír sus palabras a los que lo rodeaban, con el obvio deseo de interrumpir el mensaje de Juan:

—Se nota que tu hijo tiene anhelos de predicador —y dirigiéndose a toda la concurrencia, en voz más alta, agregó—: Demos un aplauso a este joven para premiar su esfuerzo.

Nadie se atrevió a contradecir al sumo sacerdote y el aplauso irrumpió entre la concurrencia, lo que obligó a Juan a dar por terminada, abruptamente, su intervención en la tribuna.

Lección

Dado que nuestro arreglo personal provoca la primera impresión, debemos cuidar que no haya desorden alguno en nuestro atuendo, que sea pulcro, acorde al evento y que tenga la elegancia de la sencillez.

Al hablar de pie debemos asumir una posición firme, pero natural, dejando los brazos sueltos a los lados del cuerpo, con las manos abiertas; cargando el peso del cuerpo en ambos pies; empujando las rodillas hacia atrás para quedar bien anclados, mostrar seguridad y ganar el respeto y la atención del público desde el principio.

Ejercicio

Estimado lector: por favor póngase de pie un momento, cargue el peso de su cuerpo equitativamente en ambos pies y empuje ligeramente hacia atrás las rodillas, sin hacer mucho esfuerzo para que no sea cansado, y note cómo queda anclado al piso. Recuerde que los brazos y las manos deben caer sueltos a los lados del cuerpo. Use esta posición al iniciar cualquier presentación en público.

CAPÍTULO III

El saludo

—¿Qué hice mal, maestro?

—Descuidaste la primera de las cuatro partes en que se divide la actuación de todo orador.

—¿Cuáles son estas partes?

—El saludo, tu principio, el desarrollo del tema y un final. Cada una de estas etapas merece un estudio cuidadoso que realizaremos a lo largo de sucesivas enseñanzas —agregó Lidias—, pero dado que has enfrentado problemas con la primera, procederemos a explicarla ahora.

—¿Quiere usted decir que mi saludo no fue adecuado?

—Así es, Juan. Nuestro saludo, al dirigirnos a un público, debe iniciarse invariablemente agradeciendo la presentación que nos han hecho; esto es de elemental cortesía. A continuación nos debemos dirigir a la persona que preside el evento, la de más alta jerarquía. Aquí es donde estuvo tu falla: debiste, después de agradecer a tu primo la presentación, saludar con deferencia al sumo sacerdote Anás.

—Tiene razón, maestro.

—Algunos grandes personajes, como el sumo sacerdote, suelen estar embriagados de autoestima, y la jerarquía se convierte en su tesoro más preciado; nada les contraría tanto como la menor arruga en el traje de su investidura. Cabe señalar que esto no es privativo de los humanos; la mayoría de los conflictos en el Olimpo griego se deben al agravio que los dioses consideran haber recibido en su jerarquía.

—Yo diría que esto nos sucede a todos; basta ver cómo se pelean los sitios de honor en los banquetes.

—Muy cierto, Juan, todos construimos una posición mental para nuestra persona y somos celosos guardianes de su respeto.

—Entonces, maestro, después de agradecer a la persona que me presentó, debo dirigirme a la de mayor jerarquía, ¿en qué forma?

—Menciona primero su nombre y luego el puesto que ocupa, porque se supone que la persona hace al puesto y no al contrario. El dirigirte a la persona que preside la reunión, el de mayor jerarquía, es indispensable en eventos formales, pero es también conveniente en reuniones de trabajo o menos formales.

—¿Un ejemplo, maestro?

—Imagina que estás vendiendo tela a un gran fabricante de ropa y en la reunión está presente el dueño del negocio y parte de su personal. Si inicias dirigiéndote al dueño por su nombre, lo estás alabando, estás señalando que es la persona de mayor importancia, además, nuestro nombre en boca de otra persona es el sonido más grato para nuestro oído, lo que te representa una ventaja en tu labor comercial.

—Estoy quedando bien con la persona que tiene el mayor poder de decisión en el grupo.

—Exactamente, Juan. Regresando al caso de un evento formal: Habrás notado que en las festividades se coloca una mesa para los principales, en cuyo centro se ubica a quien preside, a su derecha se sienta al segundo más importante y a su izquierda al tercero, y así, de derecha a izquierda se van ubicando por jerarquía. Cuando los integrantes de esta mesa de honor han sido presentados previamente, solo debes saludar al principal y después hacer un saludo genérico a los demás: «Distinguidos integrantes del presidium».

—Maestro, supongamos que los integrantes de la mesa de honor han sido presentados, pero además del personaje principal están en el presidium otras dos o tres personas muy sobresalientes en la comunidad, ¿debo incluirlos en mi saludo y cómo?

—Si se trata de unos cuantos, dos o tres como citaste, sí es procedente que los saludes en particular y debes hacerlo en orden jerárquico, empezando por el de mayor importancia, mencionado, como te dije, primero su nombre y luego su puesto, teniendo mucho cuidado en la adecuada pronunciación, en particular cuando se trate de personas extranjeras con nombres poco familiares a nuestro idioma.

—¿Qué sigue?

—La parte final del saludo, pero de fundamental importancia: Dirigirte al público presente. Debes hacerlo de manera que sientan que aprecias su asistencia y estas al tanto de quienes son. Por ello, saludar a un grupo desconocido como: «Muy queridos y apreciados amigos» no es procedente.

—Suena falso porque no se ha creado esa relación.

—Así es, Juan. En ese caso puedes decirles: «Damas y Caballeros»; «Distinguidos integrantes de la asociación...» citando el nombre de la agrupación a la que pertenecen, con lo que los asistentes se darán cuenta que te preocupaste por averiguar quienes son.

—¿Y si es un grupo con el que hay familiaridad?

—En ese caso puedes usar: «Estimados compañeros» o cualquier otra fórmula apropiada al grupo, que haga ver tu aprecio por ellos.

—¿Cómo se transmite ese afecto?

—Dime, ¿qué sientes cuando alguien te saluda extendiéndote la mano flácida?

—Que no tiene deseos de saludarme.

—En efecto, ¡qué diferencia cuando recibes un apretón cordial de la mano de quien te saluda! Si tu saludo es tibio, débil, timorato, estás dando la mano flácida. Por ello tu saludo debe mostrar entusiasmo, efusividad, para que se note tu agrado. Debes poner fuerza en tu voz al saludar, y hacerlo desde el agradecimiento a quien te presentó.

—Pero está uno muy nervioso, maestro.

—A lo largo de esta enseñanza aprenderás a convertir los nervios en tus aliados. Nunca pretendas que desaparezca tu tensión nerviosa, es indispensable para que a través de ella tus palabras fluyan con la emoción que hará entrar tu voz en los oídos de tus oyentes y resonar en su espíritu como música celeste.

—Cuando me coloco frente a la gente para dirigir la palabra mi corazón parece caballo desbocado...

—Cierto, Juan, al llegar a la tribuna enfrentamos el momento de mayor tensión, pero hay una receta que puede ayudarnos: el nerviosismo es energía generada en demasía por nuestro cuerpo, puede apreciarse también en los animales que intuyen un peligro, observa cómo erizan su pelo los gatos ante la presencia de otro animal; tenemos por lo tanto que deshacernos del exceso energético, y el orador dispone para ello de la voz; a través de ella desfogamos energía interna, la disipamos al exterior, de modo que el saludo con énfasis que nos permite manifestar afecto por el público sirve también como camino de salida a la tensión nerviosa.

—¿Debe saludarse por lo tanto en voz alta?

—Exactamente, y hay todavía ventajas adicionales en esta práctica: un saludo con fuerza manifiesta que se sabe lo que se hace, que tiene uno confianza en sí mismo, y el auditorio respeta al que muestra seguridad. Además, es posible que después de nuestra presentación haya algunas personas distraídas o platicando entre sí, y la fuerza de nuestra voz nos captará su atención.

—Maestro, algunas personas inician sus intervenciones en la tribuna con un «buenos días» o «buenas tardes» según corresponda, ¿está bien?

—No, tu saludo debe ser formal en todas las ocasiones. Los buenos días o buenas tardes los has dado a la gente al saludarla de mano antes de la parte formal del evento, pero ya en la tribuna debes asumir la categoría de orador. Un principio informal o familiar muestra desconocimiento de la técnica de la oratoria, y al saludar con buenos días te expones a una contestación del público, y el orador al llegar a la tribuna requiere de toda su concentración; una respuesta del auditorio a sus primeras palabras fácilmente rompe la concentración y propicia trastabilleos en el inicio de la actuación, causando una mala impresión.

Supongamos, maestro, que voy a dirigir la palabra a mi familia, en una reunión sin invitados ajenos, ¿debo también en este caso utilizar un saludo formal?

—Sí, en cualquier ocasión que dirijas la palabra a un público, aunque sea a tu propia familia, debes darte la categoría de orador. Desde luego, el saludo debe ser adecuado a la reunión; te pondré un ejemplo: imagina una cena familiar, como la celebración de la Pascua, en que tu hermano te ha presentado, si te pones de pie y dices: «Gracias hermano; muy querido, respetado y venerado padre Zacarías; sacerdote del gran templo de Jerusalén; muy amada, abnegada y hermosa madre, señora Isabel...», tu familia se reirá de ti; pero si en vez de esto agradeces a tu hermano y dices: «Queridos padres, estimada familia, ¿qué nos reúne el día de hoy?..», habrás hecho un saludo formal y acorde a las circunstancias.

—Ya entendí, maestro.

—Tengo un ejercicio para ti, Juan, porque esta instrucción, para que dé frutos, requiere llevar a la práctica los conocimientos de la teoría.

—¿De qué se trata?

—Se encuentra en Jerusalén, de visita con el procurador Pilato, el senador romano Cayo Lucuano, amigo mío desde la juventud, y pasado mañana estará aquí en mi casa, departiendo con varios amigos en comida informal, Es buena oportunidad para que tú nos dirijas unas palabras.

—¿Sobre qué debo hablar, maestro?

—Existe una regla de oro en la oratoria que establece que debemos hablar únicamente de lo que sabemos, de lo que conocemos y entendemos, y de esto decir nuestro sentir y nuestro pensar. Apegarse a esta recomendación es dar un gran paso hacia la obtención del reconocimiento del público; contravenir esta regla nos coloca siempre en dificultades. Si unimos a esto el hecho de que Cayo Lucuano es un historiador meticuloso, y seguramente su viaje a Judea obedece a su espíritu indagador, le será útil conocer la manera de ser y pensar de un joven hebreo como tú, por lo tanto, el tema que te pido desarrolles es darte respuesta a la pregunta, ¿quién es Juan bar Zacarías?

—¿Quién soy yo?

—Así es. Este aprendizaje, además de capacitarte para una mejor comunicación con los demás, busca ampliar el diálogo contigo mismo.

—¿Cómo se logra esto, maestro?

—La inteligencia preclara de Sócrates te dará la respuesta; decía este gran hombre de Atenas que tu conciencia es el Juan que debería ser, hablando con el Juan que es; pero el Juan que debería ser no es un personaje inexistente, sino que es la idea que tú tienes de lo que anhelas ser, de lo que consideras que puedes lograr, de lo que sabes que alcanzarías aprovechando en plenitud tus capacidades, y el diálogo con la conciencia se establece cuando el Juan que debería ser le pregunta al Juan que es por qué no ha llegado a ser lo que quiere ser.

—Difícil diálogo, maestro.

—Nada de eso, simplemente una plática comprometedora, muy reveladora, porque nos desnuda al quitarnos el ropaje de excusas con que hemos cubierto, ante nosotros mismos, nuestra ineficiencia.

—Vivimos atrapados en el ajetreo diario y poco tiempo dedicamos a estos pensamientos.

—Frecuentar este diálogo es abrir el surco y sembrar la semilla para plantar el árbol de nuestra vida, que dé fruto mientras vivimos y aún después de muertos; olvidarnos de este quehacer es trazar nuestro destino como estela fugaz en el agua. Sólo el hombre que derrama sudor en la construcción de sí mismo dejará huella de su paso por la tierra.

—Siempre he pensado, maestro, que todos tenemos obligación de donar nuestras aptitudes para construir un mundo mejor, pero con frecuencia somos obreros perezosos que nos conformamos con logros baratos.

—Por ello, Juan, a través de este curso ahondarás en ti, te conocerás mejor, te querrás más al descubrir carencias y caminos de superación. Para empezar te queda como primera tarea decirnos quién eres, qué has logrado, qué te falta por hacer y cómo lo llevarás a cabo.

—Me falta tanto por realizar…

—Divídelo en pequeños quehaceres y ejecuta uno solo a la vez, pero de principio a fin, y cuando hayas alcanzado tu pequeño logro: felicítate. No todo el diálogo con la conciencia son quejas, debemos también aplaudirnos cada vez que hemos subido un escalón en la carrera de la superación personal.

Cuando los dátiles y el queso de cabra se habían repartido entre los comensales, dando por terminada la comida, Lidias se paró, ajustó su túnica y al atravesar el cenáculo se colocó frente a sus invitados, sobre una tarima de roble, y les dijo:

—Noble Cayo Lucuano, cuya amistad me honra profundamente; estimados amigos que engalanan con su presencia esta casa. En mi largo peregrinar, desde la Atenas glorificada por Fidias y Sócrates hasta esta tierra de Judea, enaltecido por la sabiduría de Salomón, he llevado a cuestas mi quehacer de *rhetor* teniendo la oportunidad de transmitir el don de la palabra a muchos hombres deseosos de comunicarse mejor. Este día quiero presentar a ustedes a un joven nativo de esta tierra y amante de sus tradiciones, a quien recientemente he tomado como discípulo; en él podrán ver reflejadas las esperanzas de la juventud judía, lo que seguramente interesa al noble tribuno Cayo Lucuano, siempre atento al desenvolvimiento histórico de los pueblos. Los invito a recibir en esta tribuna, con un aplauso, a Juan bar Zacarías.

El ritmo cardíaco de Juan correspondía al galope de un caballo espoleado, pero aparentando una tranquilidad de la que carecía, se encaminó a la tribuna.

En cuanto subió los dos escalones de la tarima, giró bruscamente el cuerpo y dijo de inmediato, cuando aún sonaban los últimos aplausos:

—Gracias apreciado maestro Lidias por tan amable presentación; honorable Cayo Lucuano senador de Roma, amables invitados: ¿Quién soy yo? Soy el *bekor* o hijo primogénito del noble sacerdote Zacarías, nacido y educado bajo la fe de Yavé, interesado en crecer a los ojos del Señor para propagar la gloria de su reino, apegado a la honrosa tradición familiar que me confiere la distinción de suceder a mi padre en el servicio sagrado. Elevo mi clamor a Dios para que llene mi mente con su divina enseñanza, que mueva mi lengua para transmitir su mensaje y agradezco el providencial encuentro con el *rhetor* Lidias, de quien recibo la enseñanza para que mi voz sea el ágil mensajero de mis pensamientos; apenas me inicio en esta noble disciplina y mi boca es aún torpe, pero confío en los méritos de mi preceptor para trocar mi pobreza de palabra en habilidad para comunicar. Anhelo un resurgimiento espiritual de mi pueblo, un buscar más la amorosa palabra del Señor, en vez de los ritos engañosos que canjean las obras por signos.

Con la boca seca, Juan continuó:

—Soy más deseo que realización, sombra del ser al que aspiro, probablemente por mi juventud, pero he descubierto mi vocación y sé que con ello he ganado la batalla inicial de la vida; me queda mucho camino por recorrer, pero al menos tengo frente a mí la senda por la que quiero caminar.

Armándose de valor para dejar salir las ideas comprometedoras continuó:

—Sé que Judea verá pronto la cara de su liberador, pero no de aquel que levante al pueblo en armas, sino del que despertará las conciencias, porque la gloria del Señor no permanecerá más tiempo en la oscuridad, y en mi generación han de cristalizarse los anhelos de un pueblo fiel.

Con rapidez concluyó:

—Agradezco a mi maestro esta invitación y a ustedes su amable y paciente escucha.

Con los primeros aplausos, Juan emprendió acelerada huida de la tribuna, saliendo por la puerta lateral del cenáculo que comunicaba al patio, a cielo abierto, de la casa de Lidias. Levantó los ojos y la bóveda celeste, engalanada de estrellas, le devolvió la paz.

Lección

Debemos iniciar cualquier exposición en público con un saludo ordenado, acorde a la ocasión, que incluya, en primer lugar, un agradecimiento por la presentación; a continuación dirigirnos a quien preside el evento; si existe un presídium hacer un saludo general a sus integrantes y finalizar con una mención al público en general, apropiada al grupo que está frente a nosotros.

Este saludo debe hacerse con fuerza en la voz para desfogar tensión nerviosa, mostrar seguridad y gusto por el encuentro ante el público.

No debemos olvidar una regla de oro de la oratoria: hablar únicamente de lo que sabemos, conocemos, entendemos, y de esto decir lo que sentimos y pensamos.

Ejercicio

Imagine un evento familiar en el que tuviera que tomar la palabra y prepare un saludo apropiado para la ocasión.

CAPÍTULO IV

El principio

El cielo nublado robaba el calor al día, y la frescura de la tarde hacía apetecible la caminata por el huerto, donde Lidias contemplaba las flores rosadas y blancas de las adelfas, las anémonas con sus pétalos grandes y vistosos, los lirios morados y las olorosas azucenas de inmaculada blancura.

Como bella y comprometedora calificaba su labor educativa: transmitir conocimientos sin manipular la personalidad del alumno; enseñarle a ser, dejándolo ser. Con cuánta frecuencia había encontrado maestros que asfixiaban el desarrollo personal del educando, imponiéndole criterios dogmáticos que enjaulaban el conocimiento en vez de darle alas a la creatividad.

También estaba el dilema del premio y el castigo. Su experiencia le demostraba que los hombres alentados por el reconocimiento redoblan esfuerzo y avanzan a grandes pasos, comparados con aquellos acicateados por regaños y señalamiento de faltas. «Toda corrección debe ser precedida por una alabanza —se decía Lidias—, el hombre humillado se hunde en el rencor, además, ¿quién es el ser humano perfecto que puede juzgar sin tener él mismo fallas? Por ello, antes de amonestar, deben encontrarse los aciertos, aunque sean escasos, que hagan crecer la autoestima del alumno, para después, con cariño y comprensión, hacerle ver las faltas, que así serán reconocidas y superadas».

Pronto pondría nuevamente en operación estas consideraciones, ya que un sirviente le anunció el arribo de su alumno Juan.

Lidias felicitó a Juan por su actuación ante Cayo Lucuano:

—El mensaje le agradó mucho a nuestro invitado —añadió Lidias—, fue una buena actuación.

—Pero tuve algunas fallas...

—Ya que lo mencionas te diré, como sugerencias para mejorar, que apresuraste tu saludo, lo iniciaste cuando aún sonaban los aplausos de bienvenida.

—¿Por qué le aplauden al orador antes de que hable?, ¿por el solo hecho de ser invitado a la tribuna, maestro?

—Es una bella costumbre, los seres humanos nos alentamos mutuamente y el público reconoce la valentía de quien acepta dirigirle la palabra, y lo estimula con las palmas.

—Se debe por lo tanto esperar a que cesen los aplausos.

—Más que eso, Juan, es muy conveniente dejarse ver en la tribuna; permitir que se haga el silencio absoluto entre el público mientras las miradas convergen en el orador, antes de pronunciar la primera palabra. Se pueden aprovechar estos breves momentos para hacer un inventario mental de nuestra posición: asegurarse de estar firmemente apoyado en las plantas de los pies, las rodillas echadas ligeramente para atrás, los brazos sueltos, caídos a los lados del cuerpo, la mirada hacia el público.

—¿No hay que agradecer de inmediato a quien nos presentó?

—No, el agradecimiento debe ser escuchado con claridad por todo el público, de modo que no debes pronunciar palabra alguna antes de este silencio inicial.

—Y después del saludo, ¿cómo se debe iniciar el discurso?

—Entramos en la segunda etapa de la actuación del orador: el principio. Te puedo asegurar que alrededor de la mitad del éxito de una presentación en la tribuna depende de un buen principio.

—¿Tanto así, maestro?

—Cuando inicia su intervención en la tribuna, se presenta un momento favorable al orador: la mayoría del público está atento a sus palabras, por curiosidad quieren saber de qué va a tratar aquello, es por lo tanto el momento adecuado para colocar una frase, un pensamiento, una idea amena, interesante, llamativa, conmovedora, que capture la atención de los oyentes, que los introduzca al tema, que los interese; de no ser así, muchos, desde ese momento, se desconectarán del orador. Si son personas educadas, tendrán cara de estar atentos, pero su pensamiento estará a muchos estadios de distancia.

—Dame algunos ejemplos de cómo debo empezar un mensaje.

—Las posibilidades son tantas como tu imaginación, pero te citaré algunas formas. Puedes emplear una frase célebre; son muchos los hombres que nos han legado compendios de sabiduría en pequeñas expresiones. Escoge una que se relacione plenamente con tu tema y úsala como frase de inicio, pero no olvides rendir el justo tributo a su autor, y después de citar la frase, menciona de quién es. Si por alguna razón desconoces el autor u olvidas su nombre, al menos di «como dijo un gran escritor...», «como señaló un gobernante destacado...», lo importante es aclarar que la frase no es tuya, de otra manera podría parecer que te apropias de la creatividad ajena.

—En las sagradas escrituras hay mucho de este material.

—Desde luego, también puedes emplear citas de los libros sagrados. Otro camino, y muy valioso, es que seas tú el autor de la frase, que hagas brotar de tu imaginación un pensamiento interesante que utilices como principio de tu intervención en la tribuna.

—Tal vez algún día se haga frase famosa...

—Despertar la curiosidad de tu auditorio es otro camino útil para iniciar: lanza una pregunta que tu público no pueda contestar de inmediato, y tú tampoco lo harás, sino que obtendrá respuesta a través de tu mensaje.

—¿Qué quieres decir con que no pueda ser contestada por el público de inmediato?

—Que la respuesta no sea un «sí» o un «no», que requiera meditación; así los introduces al tema y seguirán tus razonamientos.

—¿Hay más fórmulas para el principio?

—Mostrar un objeto es otro método, diciendo algo relativo a él; pero debes tener cuidado de ocultar el objeto después de presentado, pues de otra manera lo que sirvió inicialmente para captar la atención, será motivo de distracción si continúa a la vista del auditorio.

Las primeras gotas de lluvia anunciaban un aguacero, de modo que Lidias condujo a Juan al pórtico de la casa, donde continuó diciéndole:

—Una frase que produzca impacto o sorpresa es un principio efectivo, aunque requiere explicación inmediata. Recuerdo haber escuchado en Alejandría a un predicador famoso que inició su intervención diciendo: «Dios no existe», hizo una pausa breve y agregó: «Sólo los ciegos de entendimiento pueden pensar así...».

—Como un recurso teatral.

—Pero funciona si lo manejas con cuidado. También puedes iniciar con algo gracioso, es un recurso muy utilizado, pero no lo recomiendo para un principiante, porque si no da resultado, si no provoca la risa del público, el orador habrá hecho un triste papel. Cuántas veces hemos escuchado un chiste colocado en el momento oportuno, dicho con gracia, que nos ha hecho reír hasta las lágrimas; otro día, el mismo chiste, fuera de momento, contado con menos gracia, apenas y nos hace esbozar una sonrisa. Éste es el peligro de iniciar con algo gracioso si no tenemos un amplio dominio de la tribuna. Los actores dicen que es más difícil hacer reír al público que hacerlo llorar.

—Maestro, has mencionado continuamente la palabra *frase* con relación al principio del discurso, ¿debo interpretar esto como un conjunto corto de palabras?

—Exactamente, Juan. La razón es que este principio, además de ser una frase interesante, impactante, debe ser pronunciada con todo el sentimiento posible, y es difícil mantener este tono cuando se trata de un parlamento largo. Debes poner en el inicio de la actuación todo tu entusiasmo, por ello necesitas escoger como principio aquello en lo que crees firmemente, de lo que estás plenamente convencido, para que en ti mismo brote la entrega con tus primeras palabras.

—Maestro, algunos oradores inician con el anuncio del tema que van a tratar, ¿qué opinas?

—No lo recomiendo. Es preferible la frase alusiva, como te he mencionado. Conservar el tema velado, parcialmente oculto al público por una neblina de misterio, cuando menos durante los primeros momentos es útil para ganarse la atención.

Despiertas la curiosidad de tus oyentes y no perderán una de tus palabras; arrojarles de entrada el tema puede enfriar el entusiasmo de muchos. Aunque todo con medida: no hay que exagerar y esconder tanto el tema que termines y el público no sepa con precisión de qué les hablaste. Durante el primer cuarto de la presentación, de manera discreta, hay que puntualizar el tema: el misterio es procedente sólo como un medio inicial de atracción.

—¿Entre el saludo al público y la frase inicial debe haber un silencio, maestro?

—Sí, Juan, debes separar tu saludo del principio. Los silencios en la oratoria anuncian algo importante y atraen la atención. Cabe señalar aquí una práctica empleada por algunos oradores: iniciar con la frase de entrada y luego hacer el saludo; debe hacerse con cuidado, pero en ocasiones da buenos resultados.

—¿Qué cuidados deben tenerse con esta fórmula?

—Tu frase inicial debe ser corta y no requerir explicaciones inmediatas, porque si tu principio es muy largo el público puede pensar que se te olvidó el saludo y estás enmendando tu error.

—¿Alguna otra recomendación para el inicio del mensaje?

—Desecha las excusas: aquello de «yo no soy buen orador, pero...» o «me avisaron a última hora y no pude prepararles un buen discurso, pero trataré...». Esto es un balde de agua fría sobre el auditorio. En lo personal a mí tampoco me gustan los inicios con agradecimientos, se usan tanto que se han desgastado, suenan obligados, lo de «yo, en primer término, quiero agradecer el alto honor que me confieren al permitirme dirigir unas palabras ante un auditorio tan selecto como ustedes...» parece cantaleta que todo orador recita. Yo recomiendo un inicio impactante, en vez de rodeos que dicen muy poco.

—Padre, quiero pedirle un favor.

—Tú dirás, Sara.

—Como usted necesita quien le ayude a conducir las subastas, pudiera usted utilizar los servicios de Juan bar Zacarías.

—¿El hijo del rabí?

—Así es, padre.

—¿Desde cuándo este joven necesita de una intermediaria de colocación?

La chica se sonrojó y bajó la mirada.

—Veamos..., ¿a usted le agrada ese muchacho?

—Sí —respondió Sara en voz baja, con la mirada en el piso.

—¿Usted le gusta a ese joven?

—No lo sé, padre.

—Ya entiendo... usted quiere atraer la atención del joven buscándole trabajo.

La blanca piel de la cara de Sara se había transformado en una granada.

—¿Qué le hace pensar que ese muchacho pueda ser capaz de manejar una subasta?

—Acude a lecciones de oratoria con el *rhetor* Lidias.

—Está bien, Sara, hablaré con el joven.

Sara besó la mano de su padre y salió presurosa de la habitación, mientras Eliseo de Betamea, acaudalado mercader y hombre rudo en los negocios, meneaba la cabeza al reconocer que la ternura de su hija lograba siempre reblandecerte el corazón.

—¿Cree usted que puedo hacerlo?
—Quién lo cree es mi hija Sara, además, ¿no eres acaso estudiante de oratoria? ¿Para qué si no para ser hábil comerciante es que dedicas tiempo a conocer el uso de la lengua? Observa mi actuación y después tú manejas el siguiente lote.

En la orilla del pueblo de Betamea, paso obligado de las caravanas de Damasco y Egipto, se habían congregado numerosos compradores en respuesta al llamado de Eliseo, quien ponía en venta treinta camellos de carga y diez de montura.

Eliseo tomó a Juan del brazo y subieron a un pequeño estrado, con barandal por tres costados, en donde les esperaba un escriba con todos sus utensilios para tomar nota del acontecer.

Una seña de Eliseo hizo que se abrieran las puertas del corral y aparecieron cuatro camelleros tirando de sendos camellos que fueron detenidos al lado del estrado. Se trataba de animales fuertes, jóvenes, capaces de transportar enormes pesos de carga.

Eliseo conocía su negocio, necesitaba impresionar a los compradores con una primera muestra de la mejor calidad.

Los visitantes se acercaron a los animales, les tocaban las patas, les acariciaban el pelo, incluso ordenaban al camellero que los sentara y les observaban la dentadura, no sin llevarse, en ocasiones, una patada o mordedura de los huraños animales. No cabía duda, se trataba de finos camellos árabes.

Mientras tanto, Eliseo enseñó a Juan un papiro en el que se leía el valor deseable y el mínimo permisible para la venta de los animales de cada lote.

Transcurridos unos minutos, Eliseo palmeó dos veces y los camelleros regresaron los animales a los corrales.

Con voz potente, en griego hablado con claridad, Eliseo dijo:

—Bienvenidos, queridos amigos, a esta subasta en donde podrán adquirir los mejores animales de toda Judea. Camellos como los que les he mostrado me son arrebatados en Damasco por dos piezas de oro, pero ésta es mi tierra y quiero que el beneficio de mi trabajo sea para ustedes, mis paisanos, de modo que iniciemos con una postura ridícula de veinte piezas de plata.

—Añadiendo en arameo, en voz baja, como para sí, aunque dejándose escuchar: «Eliseo, te estás volviendo viejo, ya no eres el mercader que solías ser, regalas tu mercancía».

Los gritos de los compradores se sucedían entremezclándose con señas, palmadas y risas. Para Juan resultaba incomprensible aquel ambiente, en cambio, Eliseo dictaba al escribano las ofertas con tranquilidad, y en unos minutos se vendió el lote. Nuevamente, Eliseo hizo una seña y de los corrales salieron esta vez tres animales de pelaje seco y andar cansado que denotaban su vejez. Mientras los compradores observaban con decepción el nuevo lote, Eliseo vio llegar la regia comitiva del príncipe Hasamin, hijo del sultán Faruyen, uno de sus mejores clientes, de modo que le dijo a Juan:

—Hazte cargo de este lote, yo debo atender al príncipe, con éstos puedes entrenarte —y añadió en el oído de Juan—, son animales de desecho, lo que logres arriba de cinco piezas de plata será bueno.

Juan sudaba copiosamente. No había imaginado que usaría su aprendizaje de oratoria para dirigir una subasta.

Una vez que los pocos interesados en aquellos animales terminaron de revisarlos, Juan palmeó a los camelleros para que los retiraran, como observó que lo hizo Eliseo, y poniendo fuerza en la voz dijo:

—¡Una ganga! Eso es lo que son estos animales y por ello iniciamos la postura con cinco piezas de plata.

—¡Bandido! —gritó uno de los presentes.

—Esos animales se vienen a tierra si los cargas con las cinco piezas de plata que pides —replicó otro comprador.

Las risas y las burlas se generalizaron.

—Son animales fuertes —replicó Juan, gritando para sobreponer su voz sobre el ruido.

—No te hagas el gracioso muchachito —le contestó un hombre de cara tosca, acercándose al estrado—, ofrezco dos piezas de plata y date por bien pagado.

Juan no sabía qué hacer y el escriba, notando su apuro, le aconsejó que solicitara otra oferta, denegando la recibida, pero en cuanto Juan pidió una mejor postura, el griterío tapó su voz y los puños se levantaron amenazantes. De hecho no era más que una seña normal de repudio de los asistentes, pero Juan, inexperto, sintió que su seguridad personal estaba en juego. Su vista se volvió a Eliseo, pero éste se había alejado del gentío, llevando del brazo al príncipe Hasamin para conducirlo a una visita privada a los corrales. Juan estuvo tentado a salir corriendo para preguntarle a Eliseo lo que debía hacer, pero el escriba le aclaró que era indigno abandonar la conducción de la subasta y provocaría la ira de los compradores.

El hombre de semblante rudo, que había hecho la oferta, se colocó al frente y levantó los dos brazos, con lo que se hizo inmediatamente el silencio, y dirigiéndose a Juan añadió:

—Ha pasado el tiempo legal, no se han recibido otras ofertas y no denegaste la mía, de modo que mi postura ha ganado. Debes declararlo así.

—No me han dejado hablar, aclaró Juan, su precio está por debajo de lo permisible.

Esta vez las palabras de Juan encolerizaron a los asistentes que procedieron a lanzar tierra y piedras contra el estrado. El escriba instó a Juan a recibir la oferta; por esos animales desgastados no valía la pena ponerse en peligro.

—Está bien, acepto la oferta —gritó Juan y logró que cesaran las injurias y la lluvia de piedras.

Al notar el escándalo, Eliseo retornó al estrado. Calmó los ánimos, disculpándose por la inexperiencia de su asistente y recomendó a Juan que emprendiera el camino de regreso a casa.

Lección

Si no atrapamos la atención del público con nuestras primeras palabras tendremos que remar contra la corriente a lo largo de nuestra presentación. Por ello, debemos iniciar con una frase atractiva, sorpresiva, llamativa; que desconecte mentalmente a todos los asistentes de sus pensamientos y los introduzca de inmediato a nuestro mensaje.

Ejercicio

Si tuviera que preparar un mensaje con el tema: ¿Quién soy yo?, ¿cuál podría ser su inicio?

CAPÍTULO V

La construcción del mensaje

Dos sirvientes llegaron al pórtico, donde se encontraban maestro y alumno con sendos tes de menta, humeantes, y mientras los saboreaban, Lidias comentó:

—Entrando en la tarea de hoy, Juan, ten presente que al pararte frente a un público debes estar seguro de tener algo interesante que decir.

—Un buen mensaje.

—Exactamente.

—Maestro, me es difícil organizar mis ideas para construir un mensaje atractivo.

—Imagino que tu inseguridad parte del concepto equivocado que te has formado de la oratoria. Considérala, simplemente, como una conversación ampliada, con la ventaja de que has tenido la oportunidad de planearla y así podrás expresar tus pensamientos con precisión y claridad.

—Quiero pedirte, maestro, que me indiques cómo debo organizar un mensaje.

—Lo primero, Juan, es seleccionar el tema, y para ello tienes tres caminos; el más frecuente es que la ocasión te lo señale, si diriges la palabra en una boda, lógicamente tienes que referirte al matrimonio, a los novios; cuando se festeja a un personaje, él será tu tema. Un segundo camino es ser invitado a una reunión para dirigir la palabra sobre un tema en particular. Naturalmente te pedirán que hables sobre aquello en lo que se te considere un experto.

—Yo no me siento experto en nada, maestro Lidias.

—Eres joven, Juan, pero pronto tendrás que dedicarte a una labor específica, escoger ocupación, y deberá ser algo de tu completa preferencia, porque es fuente de eterna felicidad en la vida laborar en lo que te gusta, si tu trabajo es tu divertimiento, encontrarás en él no sólo generoso sustento, sino interno crecimiento.

—Procurar ser el mejor en nuestra ocupación.

—Justamente, y ello hará que la comunidad reconozca en ti a una persona digna de confianza, cuya opinión en la especialidad será solicitada con frecuencia porque la fama de tu capacidad se ha extendido. Sin embargo esto no será premio de la suerte, sino conquista de trabajo arduo, responsable, esmerado, en busca de la excelencia.

—Mencionaste, maestro, un tercer camino para llegar al tema del mensaje...

—Es el caso más cómodo: cuando te invitan a que hables del tema que tú quieras. Cualquiera que sea la fórmula que te lleve al tema es indispensable que te apegues a la regla de oro de la oratoria que te he mencionado, la cual establece que en toda ocasión y circunstancia hables únicamente de lo que sabes, de lo que conoces y entiendes, y que sobre esto digas lo que piensas y lo que sientes. Nunca me cansaré de repetirte esta regla porque si la respetas habrás tomado el camino del éxito, y si la contrarías estarás, irremediablemente, en el laberinto de las dificultades.

—Seleccionado el tema, ¿qué procede?

—Establecer la finalidad de tu mensaje: ¿qué deseas conseguir con tus palabras? Nadie inicia la caminata sin tener un destino; de igual manera, el orador debe tener una meta precisa. Básicamente tienes cuatro opciones: informar, dar a conocer datos, acontecimientos, disposiciones; convencer, lograr que tu auditorio piense como tú, crea lo que tú crees; mover a la acción, lograr que compren lo que vendes, que realicen un trabajo; entretener, simplemente que tu público pase un rato divertido.

—Se pueden tener varios de estos objetivos a la vez, maestro.

—Cierto, Juan, pero uno de ellos debe ser el predominante para encauzar tu esfuerzo hacia un objetivo preciso.

—Ya tengo tema y objetivo, ¿cuál es el siguiente paso?

—Deberás desmenuzar el tema, dividirlo en incisos. Toma un papiro y anota en él todas las ideas que te vengan a la mente con relación al tema. Lógicamente lo primero que anotarás serán tus preferencias, tus intereses particulares, pero a continuación debes colocarte en el lugar del público e imaginar los aspectos del tema que consideres que pueden interesarle a tu auditorio. Para esto último es indispensable conocer de antemano cómo estará formada tu audiencia: ¿te vas a dirigir a un grupo de ancianos o a jóvenes de tu edad?, ¿lo harás frente a doctores de la ley o ante trabajadores de la construcción?, ¿será acaso tu público heterogéneo?, ¿hombres y mujeres?, ¿sólo hombres?, ¿de qué nivel cultural? Entre más información tengas de tu público mejor capacitado estarás para orientar tu mensaje hacia ellos. Como es lógico, el mismo tema sufre distintos tratamientos de acuerdo con las personas que lo escucharán y las ideas que anotarás en tu papiro deberán corresponder a lo que juzgues atractivo para el público particular al que te dirigirás.

—¿Qué le interesa escuchar a la gente, maestro?

—Aquello que le concierne, que puede serle útil en su vida diaria. Los seres humanos somos egoístas: nos importa más una pequeña espina clavada en nuestro dedo que la peste asolando a una nación completa. Será importante, también, investigar qué tanto conoce el público sobre el tema; si das a conocer aspectos muy elementales a gente conocedora, la aburrirás; si expresas ideas muy elevadas ante un auditorio que carece de bases, los incomodarás. La fórmula ideal es desplantar el mensaje a partir de lo que saben los oyentes y darles a conocer aspectos desconocidos, novedosos para ellos, hacerlos subir un escalón más en sus conocimientos, no querer remontar la escalera completa en una sola presentación.

—¿Cómo se logra esto, maestro?

—Reduciendo la amplitud del tema. Una idea muy extensa te lleva a generalidades, mucho de lo cual es conocido por el público; pero si confinas tu presentación a un aspecto estrecho del tema, puedes entrar a los detalles, con lo que das información novedosa.

—Además de que las ideas sean de interés para el público ¿deberán ser expresadas de acuerdo con el nivel cultural predominante en el auditorio?

—Así es, y aquí cabe citar otro aspecto interesante, que es el dominio del lenguaje para poder disponer de un vocabulario preciso, y la importancia de dominar varias lenguas, ya que para el pueblo en general usarás el arameo; pero ante los maestros de la ley será más propio el hebreo; frente a los comerciantes de las caravanas a Damasco el griego es necesario, y los romanos sólo te atenderán en latín. Cabe el recurso de un traductor, pero aunque las palabras permuten lenguas, la emotividad del orador será artificialmente interpretada.

—¿Qué otros medios hay para hacerse de ideas relativas al tema, maestro?

—Piensa siempre en ejemplificar, porque esto será fácil de entender y sencillo de expresar. Además, si dentro de las ejemplificaciones te incluyes revelando vivencias, estableces una corriente afable con tu público. Ten presente que el auditorio espera conocer tus experiencias, tus opiniones; querer impresionar mediante conocimientos muy doctos que se encuentran en las bibliotecas, dan frialdad a la relación con el público. Ser nosotros, decir lo que sentimos y pensamos, relatar nuestros logros y fracasos, es la manera cordial de ganarse la simpatía y el interés del auditorio.

—¿Cómo debe ejemplificarse?

—Es fundamental en la oratoria ser claro y preciso en lo que se dice, y una de las mejores maneras de lograrlo es ejemplificar: traducir los conceptos y las cantidades difíciles de captar a modelos conocidos y familiares para el público. Recientemente escuché a dos paisanos tuyos comentar sobre la suntuosidad de la corte de Herodes Antipas, ambos hacían referencia al cargamento de enseres personales de la reina Herodias, en su reciente viaje a Cesárea; el primero comentó que dichos enseres pesaban más de cinco mil quinientos ases; el segundo mencionó que se requirieron doce camellos, cargados a plenitud, para transportarlos. ¿Cuál te parece que ejemplificó con claridad y precisión?

—Sin lugar a duda, el segundo. El primero fue preciso, pero no hubo claridad para comprender el peso señalado. Pero por favor, maestro, no me hables más de camellos.

—Usa parábolas, ejemplos, cuentos. Sé claro y preciso en un lenguaje comprensible; usa tu lenguaje de todos los días, evita las palabras técnicas ante gente no especializada; desecha los extranjerismos cuando exista el vocablo en la lengua empleada, y desde luego, nada de léxico vulgar que disminuya tu imagen. Pero no me malentiendas, estoy en favor de un vocabulario amplio; se dice que el nivel cultural de una persona se mide por el número de palabras distintas que utiliza diariamente, por lo que te recomiendo ensanchar tu vocabulario; pero las palabras nuevas practícalas en casa, en la conversación diaria, y cuando las hayas dominado, cuando las hayas hecho tuyas, entonces úsalas ante el público; no estrenes palabras en la tribuna.

—¿Existen más fuentes de ideas para el mensaje?

—Es muy útil conversar con un conocedor del tema; una plática breve con un experto puede aportarte un material muy valioso que por tu cuenta tardarías meses en reunir. Desde luego que no sólo debes hablar con expertos, sino también con familiares y amigos, comentarles que preparas un mensaje sobre el tema y pedirles sus puntos de vista; de esta manera agrandarás tu lista de ideas.

—Tienes razón, maestro Lidias, nunca había podido comprender la relación entre la posición de las estrellas y los tiempos de la cosecha, hasta que el anciano Halei ben Gamar tuvo a bien explicármelo, y en unos instantes, como si se despejaran de mi mente telarañas de años, entendí con claridad.

—Por último, Juan, queda un recurso más que puedo aconsejarte para hacerte de ideas; acude a la sabiduría escrita. El hombre ha acumulado en papiros un legado de inestimable valor en donde puedes absorber conocimientos para enriquecer tu tema.

—Tendré de esta manera una larga lista de ideas sobre el tema, ¿qué procede ahora, maestro?

—Deberás informarte, con el organizador del evento, del tiempo que se te ha asignado para dirigir la palabra, y tienes que ser muy respetuoso del mismo. Si te dejan en libertad para tomar el tiempo que juzgues necesario, la eterna recomendación es que seas breve; un cuarto de hora es una extensión perfecta para comunicar la esencia del tema y mantener el interés, y nunca más de la media hora. Cualquier público, en cualquier lugar y circunstancia, siempre te agradecerá la brevedad. Conocido el tiempo podrás determinar el número de ideas que requieres para cubrirlo, y aquí cabe recordar que es preferible decir mucho de poco, que poco de mucho. De dos a cinco ideas es suficiente para la mayoría de los mensajes.

—He notado, maestro, que el pecado más común de quien habla en público es extenderse tanto en el tiempo que la gente pierde el interés.

—Justamente, Juan. La brevedad impone un control en la calidad del mensaje, ya que nos obliga a tirar la paja y dejar el grano, a ir directo a lo fundamental, desechando lo intrascendente. Decía uno de mis maestros que si se carece de tiempo para preparar un mensaje sólo se puede ser extenso, porque el mensaje breve requiere preparación amplia para exprimir el tema hasta llegar a su esencia.

—De esta manera cada frase del orador debe decir algo importante para el público, y así se conserva la atención.

—Lo has entendido. Pasemos ahora a la siguiente tarea dentro de la preparación del mensaje: la evaluación de tus ideas. Debes convertirte en un juez severo y analizar cada una de las ideas que has escrito en tu papiro, a fin de eliminar todas aquellas que no consideres verdaderamente sólidas, valiosas, importantes. También deberás desechar las que no engarcen bien con las demás, porque un buen tema recorre un camino de principio a fin y no salta como chapulín de un sitio a otro sin ligadura. Con esto habrás reducido tu lista a las ideas básicas que integran tu guión definitivo. Procede ahora asegurándote de tener suficiente información sobre cada una de las ideas escogidas y recurre a la biblioteca para complementarlas. Sólo utiliza fuentes de información dignas de confianza; nunca des a conocer datos que procedan de chismes o comentarios ligeros porque te expones a ser rebatido.

—¿Ya está el mensaje terminado?

—Falta el último paso: ordenar las ideas, darles una secuencia lógica, interesante.

—¿Existen reglas para ello?

—No les llamaría reglas, simplemente recomendaciones. Hablar en público es un arte y, por lo tanto, producto de la creatividad personal. Se dice que el ordenamiento escogido refleja la personalidad del orador; sin embargo, si se nos dificulta encontrar la secuencia de ideas, cuando el tema es un problema, el orden debería ser: plantear el conflicto, analizar diversos ángulos, aportar una solución y recomendar al público que se una a la fórmula ofrecida. Cuando el tema sea abstracto, como el amor o la felicidad, debemos ubicarlo primero, a continuación definir nuestra posición, justificarla, y como conclusión enunciar la práctica que recomendamos seguir. Finalmente para un tema concreto, práctico, podemos iniciar mencionando antecedentes, referir la situación prevaleciente y nuestra opinión de la condición ideal, para terminar con una conclusión que abarque la unión de los dos puntos anteriores. Para todo tema cabe también la secuencia de tiempo: el pasado, el presente y el futuro.

—Ahora sí está terminado el mensaje.

—Cierto, pero no la preparación de su presentación. Nos falta el paso que hace la diferencia entre una actuación pobre y una sobresaliente: practicar una y otra vez el mensaje hasta adueñarnos de él. Debemos repetirlo en voz alta para escuchar su sonido, para hacer del oído un conducto más de juicio y captación. Tal vez en siglos venideros alguien logre diseñar un dispositivo que pueda grabar nuestra voz y nos permita escucharnos después; si esto llega a realizarse, los oradores del futuro dispondrán de una herramienta muy valiosa para ensayar sus actuaciones.

—¿Cuántas veces hay que practicar el mensaje?

—No te puedo dar un número; entre más, mejor. Diría que hasta que te sientas auténticamente dueño del mensaje. La inmensa mayoría de las fallas a que puede verse sometido el orador en la tribuna provienen de insuficiente práctica del mensaje. Saberte poseedor de las ideas y su interpretación te da una gran seguridad en ti mismo, que se refleja en tu actuación ante el público.

—¿Debe uno memorizar todo el mensaje?

—De ninguna manera —respondió enfático Lidias—, si memorizas palabra por palabra estarás formando una cadena, una serie de eslabones, si se te olvida una sola palabra, se rompe la cadena y quedas mudo en la tribuna. Sólo debes retener en tu mente las ideas que forman tu guión, alrededor de las cuales bordarás con diversas palabras. Es más, en cada uno de tus ensayos te recomiendo utilizar vocablos distintos: las ideas serán las mismas, en igual orden, pero cambia de palabras; de esta manera te harás de un vocabulario muy amplio y tendrás a la mano, durante tu presentación ante el público, un amplio léxico para expresarse con soltura.

—¿No sería más fácil escribir todo el mensaje y leerlo?

—No, el mensaje escrito no tiene nada de fácil, como te explicaré en una de las lecciones finales del curso. Por lo pronto, ten presente que tu calidad de orador crece al no requerir de la ayuda de un papiro frente a ti y que debes retener sólo las ideas base de tu tema.

—Pero yo tengo muy mala memoria, maestro.

—Generalmente, cuando decimos tener mala memoria, lo que en realidad expresamos es que nuestra memoria es perezosa porque la hemos hecho floja por falta de ejercicio. Sobre esto también profundizaremos en una lección más adelante. Te voy a referir el método de que me valgo para memorizar las ideas de un discurso, por si te es útil, ya que cada quien se acomoda a su propia técnica de aprendizaje. Los métodos de memorizar conocen la eficiencia de asociar una idea nueva con una que ya poseemos. Al seguir este camino, yo cuento con diez palabras claves que me sirven como anzuelo para atrapar nuevas ideas.

—¿Cuáles son esas palabras?

—Puedes formar tu propia lista o utilizar las mías si te acomodan. Lo importante es que tus palabras claves tengan relación directa con la numeración a fin de facilitar su manejo en un orden que nos es cotidiano, así, yo empleo para la palabra uno la estaca, por su similitud física; para el dos, el pato; como palabra tres recurro al trinche de Neptuno; el cuatro es un cuadrado; para el cinco, la mano, por sus cinco dedos; mi sexta palabra es un dado; como séptima, empleo un bastón; para el número ocho, una araña; el nueve, una bandera con su asta, y para el diez una flecha clavada en su blanco. Esta lista puede continuar hasta el veinte si juzgas necesario tener muchas ideas para tu tema. Una vez seleccionadas tus palabras claves se deben convertir en íntima propiedad tuya, hacer uso de ellas con frecuencia, como por ejemplo, para recordar tus quehaceres de cada día, en el orden en que quieres ejecutarlos.

—¿Cómo se asocian con las ideas del discurso?

—De la manera más ilógica, cómica o ridícula que se te ocurra, ya que es más fácil engarzarlas así que seguir un patrón coherente.

Te pondré un ejemplo. Escoge un tema.

—La familia.

—Dame cuatro o cinco ideas sobre ese tema.

—La educación de los hijos, el amor entre los esposos, la jefatura del padre... y la habitación común.

—Veamos cómo grabaría en mi mente las ideas del tema en el orden que las enunciaste: primero es la educación de los hijos, que yo debo asociar ilógicamente con mi palabra clave uno, que es estaca..., imagino al padre golpeando brutalmente al hijo con una estaca para educarlo. La segunda idea... asocio el amor entre los esposos con mi segunda palabra, pato: supongo un enorme tocado en forma de pato que el marido regala a la mujer y que ésta se coloca, a pesar de lo ridículo del adorno, como muestra de cariño al esposo. Necesito ahora unir la tercera idea, la jefatura del padre, con el trinche de Neptuno: imagino al padre picoteando a toda la familia con su trinche para que lo obedezcan. Por último, reuniré mi cuarta palabra, un cuadrado, con la habitación común y supongo a una familia que pernocta en el desierto y el padre pinta un cuadrado en la arena y dice a la familia que ésa es su casa por aquella noche.

—De esta forma, al llegar a la tribuna, maestro, ¿piensas en tu palabra uno, la estaca, y viene a tu mente con facilidad la golpiza del padre y recuerdas que tu primera idea a tratar es la educación de los hijos; al terminar con ella pasas a la segunda, el pato; imaginas el tocado exótico y recuerdas el amor entre los esposos, y así sucesivamente?

—Exactamente, Juan, y por experiencia propia te puedo afirmar que da resultado y hace desaparecer el miedo a olvidar el tema en la tribuna. Esto, aunado a una práctica exhaustiva, te hará sentirte confiado, y el estar seguro ante nosotros mismos nos lleva a estar bien ante los demás.

Lección

La preparación de un mensaje parte de tener claro el objetivo de la presentación. Al seleccionar el tema se debe procurar no abarcar demasiado para profundizar y dar a conocer novedades. Hablar sólo de lo que sabemos y entendemos.

Desarrollar una lluvia de ideas por escrito, y de ahí seleccionar unas cuantas ideas para el guión del mensaje, acorde al tiempo convenido. Ser breve siempre será apreciado.

Conocer a nuestro público de antemano es indispensable para atender sus circunstancias, así como incluir ejemplificaciones, vivencias. Es útil documentarse sobre el tema.

Escogidas las ideas hay que darles una secuencia lógica, y la tarea fundamental: practicar ampliamente el mensaje; sin memorizarlo palabra por palabra.

Ejercicio

En función de lo explicado en este capítulo, prepare un mensaje sobre un problema social, de cinco minutos de duración. Imagine diversos públicos y considere los cambios apropiados para cada uno de ellos.

CAPÍTULO VI

El final y el contacto visual

«¡Da resultado!», se decía Juan entusiasmado al ver a numerosos viajeros reunidos a la salida del sol en la piscina de Siloé.

Días atrás, en el camino a Betania, había dirigido la palabra a un grupo numeroso de gente, que contemplaba los cadáveres de dos viajeros asesinados por asaltantes. Desde que un familiar lejano, Jacobo de Bet-El, sufriera igual suerte, nació en su interior un coraje intenso contra estos actos, y a raíz de su última entrevista con Lidias maduró sus ideas para proponer una solución.

Siguiendo la enseñanza, planteó el problema de la falta de seguridad en los caminos que concurren a Jerusalén, al destacar el hecho de que ni las huestes romanas habían podido eliminar a los asaltantes. Propuso una solución: dado que en la mayoría de los casos las víctimas eran personas que viajaban solas, y, por lo tanto, eran fácil presa de los malhechores, se podría atenuar el riesgo viajando acompañado y por ello convocó a quienes tuvieran que viajar a reunirse al despuntar el día, alrededor de la piscina de Siloé, a fin de formar grupos entre los que tuvieran destino común o al menos para un trecho del camino, conminando a su auditorio a que esparciera esta idea entre todos los habitantes de la ciudad.

Había llegado con anticipación a su encuentro con Lidias, no podía esperar más tiempo para comunicar a su maestro la buena nueva: a partir de su discurso, eran ya tres los días que los viajeros salían juntos.

—Es lógico tu éxito, Juan, este mundo se mueve con palabras y lo dirigen quienes saben expresar sus ideas en forma convincente.

—Estoy feliz, maestro, y ansío continuar con tu enseñanza porque me doy cuenta que si sigo tus consejos soy tomado en cuenta.

—Continuemos. Nos falta hablar sobre la última parte de la actuación del orador: el final del mensaje.

—Los grandes oradores se distinguen por sus grandes cierres, es como el clímax en las obras de teatro.

—Muy cierto, Juan, hay que tener en cuenta que lo último que decimos en la tribuna es lo que se conserva más fresco en la memoria, lo que el público tiene más a la mano para juzgar nuestra actuación. Al orador le acontece algo similar a lo que le sucede al lidiador de toros de la Iberia: pudo haber hecho una gran faena, pero si falla en la suerte última, si no mata al toro al primer intento, pierde los galardones.

—¿Un mal final puede deslucir toda la actuación del orador?

—Desde luego, Juan, imagina una obra de teatro interesante, conmovedora, llena de fuerza, que tenga un final apocado. La gente sale del teatro decepcionada, olvidándose de todo lo bueno que vio. El final del discurso debe dejar un grato recuerdo, un deseo de escuchar otra vez al orador, es como el dulce sabor de boca que nos deja el postre al final de la comida.

—¿Qué fórmulas recomiendas para cerrar el discurso, maestro Lidias?

—Muy similares a las utilizadas para el inicio, y nuevamente las posibilidades son tan variadas como tu capacidad imaginativa, por lo que sólo te citaré unas cuantas: la frase célebre, con la variante respecto al inicio, de que citarás primero al autor, para que tus últimas palabras sean justamente la frase escogida. Recuerda que nosotros podemos ser los autores de dicha frase, es más, cabe el recurso de terminar con la misma sentencia con que iniciaste y redondeas de esa manera tu presentación.

—Es decir, presentamos una idea inicial, la demostramos durante el cuerpo del mensaje y como corolario regresamos a la idea que ha quedado corroborada.

—Justamente. Otra manera de terminar es con una frase que resuma lo expuesto. Si utilizas este camino puedes construir tu mensaje a partir de esta frase, ya que enuncia la esencia de lo que se desea expresar.

—Sería el punto de partida para la preparación del mensaje.

—Así es. Cabe también, como cierre, una invitación al público para que se una a los criterios o acciones recomendadas en el mensaje. En este punto me gustaría hacer hincapié en la conveniencia de no usar frases desgastadas, como es el caso de: «yo los invito a...». En vez de algo tan oído, hacer la invitación sin enunciarla expresamente, es más elegante; resalta la calidad del orador.

—¿Alguna otra forma de terminar, maestro?

—Te he citado unas cuantas de las que puedes valerte, lo fundamental, no lo olvides, es poner toda tu emotividad, toda la entrega posible en el cierre, ya que cualquier público, por más benévolo que sea, es un juez severo de tu final.

—¿Por qué, maestro?

—Debido a que un buen final arranca el aplauso con la última letra de la última palabra pronunciada. Si hay un silencio entre la terminación de tu discurso y el aplauso, tu final no fue bueno, y entre más prolongado sea este silencio, tanto mayor será la reprobación al final pronunciado. Pero hay un truco muy importante: debes avisar al público que llegas al final, y no mediante el burdo y desgastado anuncio de que era todo lo que tenías que decirles, sino al separar el texto de tu mensaje de la frase de cierre, haciendo un pequeño silencio entre la terminación de tu exposición y el final; mediante esta pequeña pausa, el público comprende que se ha terminado la presentación y entenderá que la frase siguiente es la culminación de tu actuación.

—Maestro, he oído a muchos oradores terminar y dar las gracias.

—Es un recurso pobre. El orador se ha preparado, viene a dar lo mejor de sí mismo en servicio de su auditorio; es el público el que agradece la dedicación del orador y lo hace por medio del aplauso; no es el orador el que debe dar las gracias. Ahora bien, dicen que toda regla tiene su excepción: si hablas de algo que no conoces bien, si no te has preparado debidamente y pronuncias tu mensaje con desinterés, entonces sí es procedente que des las gracias a los pocos que han permanecido despiertos después de tu intervención.

—Pero algunos oradores huyen del aplauso; es más, yo soy de ellos, no hablo por las palmas.

—Cuídate, Juan, de no hacer cosas buenas que parezcan malas. Huir precipitadamente de la tribuna puede hacer que el público se sienta desairado. Tú te retiras por humildad, consideras que tu actuación no merece tanto reconocimiento, pero el auditorio puede interpretarlo como una descortesía, por ello debes permanecer en la tribuna hasta que notes que amaina el aplauso; tampoco debes quedarte hasta que cesen las palmas, porque también es elegante retirarte cuando aún quedan en el aire los últimos aplausos.

—De modo que el principio y el final son dos frases de suma importancia que hay que preparar con esmero.

—¡Bien dicho! Pasemos ahora a una consideración básica para todo orador.

—¿De qué se trata, maestro?

—Debes tener presente que el orador no se preparó para dirigirse a las paredes del salón ni ante una masa amorfa. Le hablamos a un público que es un conjunto de individualidades y los seres humanos, en todo lugar y circunstancia, queremos, pedimos, incluso exigimos, ser considerados, ser tomados en cuenta. El orador que quiere agradar a su público, debe atender individualmente a todos sus escuchas, debe particularizar su mensaje.

—¿Cómo se hace esto, maestro?

—Muy fácil, sigue la rutina que empleas todos los días al conversar: cuando hablas con una persona lo ves a los ojos. El orador debe ver a los ojos a todos y cada uno de los integrantes de su público, y para que no se le olvide nadie debe seguir un orden. Supón que tienes un público sentado en hileras: colocarás inicialmente tu mirada en el extremo de la primera fila, y lenta, pausadamente, deteniéndote con cada quien unos instantes, recorrerás con la vista a todos los integrantes de esta fila; al terminar, en ese punto, levantarás tu vista a la segunda fila, la que recorrerás, de igual manera, en sentido contrario; al término de la segunda fila trasladas tu vista a la tercera hilera y continúas con este procedimiento hasta ver a todo el auditorio; si te sobra tiempo, inicias nuevamente el recorrido. Cuando tu público es muy numeroso, cientos o miles de personas, como no podrás verlos persona por persona, seguirás el procedimiento anterior por grupos: considera a las dos o tres primeras filas como un bloque y recorre al auditorio por grupos. La distancia a la que estás de un público numeroso hará que los integrantes de tus grupos sientan que están siendo vistos en forma individual, que el orador los toma en cuenta.

—En verdad que a todos nos gusta que nos den nuestro lugar o el que creemos merecer.

—Pero hay más: el ver a los ojos lo asociamos con la sinceridad. Si al conversar con una persona nos desvía la mirada, recelamos de lo que nos está diciendo. El orador que ve a su público le está diciendo: ésta es mi verdad, soy sincero y honesto con ustedes; lo que todo auditorio agradece.

—Muy cierto, maestro, cuando pienso que un niño me miente, le digo: «Dime eso mismo, pero viéndome a los ojos» y así descubro la verdad.

—Y todavía hay más, Juan. Ya no es el orador dando cátedra y el público sin participar, sino que se establece el diálogo, porque los ojos hablan sin palabras, y el orador podrá recoger en la mirada de sus escuchas el efecto que produce su mensaje: sabrá si es agradable o aburrido, si gustan o disgustan sus opiniones, si el público está en favor o en contra de lo que dice, y de esta manera puede adecuar sus palabras a las circunstancias; por cierto, si encuentra muchos párpados cerrados, más le vale cambiar el tono de su mensaje para que encuentre alguna persona despierta que le aplauda al final.

—En verdad, los ojos son expresivos.

—El establecer contacto visual tiene también la gran ventaja de comprometer al público a escucharte. Uno, como miembro de la audiencia, cuando el orador se nos queda viendo sentimos que, cuando menos en ese momento, debemos prestarle atención. Si paseamos ordenadamente la mirada en todos los presentes vamos comprando en cada uno el compromiso y lograremos ganar la atención generalizada.

—Es un resultado estupendo, maestro.

—Otro aspecto: el temor mayor en la tribuna suele ser el hecho de tener que hablar ante mucha gente, pero la realidad es que el buen orador, aunque lo que dice es para todo el público, al hacer contacto visual con su auditorio, se dirige a una sola persona a la vez, simplemente mudando de una gente a otra, pero siempre hablando individualmente en cada momento. Esta consideración puede darnos tranquilidad emocional.

—Maestro, pero ver a los ojos al público puede intimidar.

—No lo es cuando platicas con una persona. Concéntrate para recoger el gran regalo de comunicar desde la tribuna, y para ello es indispensable abrir el diálogo por medio del contacto visual individualizado.

—¡Que la verdad haga justicia! Yo, Juan bar Zacarías, defiendo ante este tribunal la causa de Ismael bar Jacobo, porque fui testigo del hecho que aclara esta disputa. Ante mí, Jacobo, el herrero, entregó a su hijo menor, Ismael, el pectoral egipcio de oro que su hermano Josué reclama como parte de la herencia de su padre.

Juan hizo una pausa y continuó:

—Al hacer entrega del pectoral a Ismael, Jacobo, el herrero, le dijo: Esta joya ha permanecido en nuestra familia por muchas generaciones y quiero que sea tuya, ya que tú, hijo mío, has sido de entre todos tus hermanos el que más te has ocupado de tu anciano padre, justo es que recibas este pectoral con el que reconozco tu fidelidad.

Tomando aire, Juan expresó enfático:

—Lo que se regala en vida no forma parte de la herencia que se deja al fallecer. Ciertamente, esta entrega tuvo lugar unos cuantos días antes del fallecimiento de Jacobo, y tal vez por ello no hubo la oportunidad de comunicar esta decisión a toda la familia, lo que ha provocado la reclamación de Josué, quien, como primogénito, exige la transferencia de los bienes de su padre, pero el pectoral, como he mencionado, pertenecía a Ismael al morir su padre.

Juan hizo una pausa antes de dar a conocer su conclusión:

—Más claro no puede estar este caso. Por ello: ¡Que la verdad haga justicia!

—¿A qué atribuyes, maestro Lidias, que, a pesar de este discurso, haya perdido la causa de Ismael?

—Tu mensaje fue bueno, pero apelaste más a la razón que al sentimiento. Ten presente que las razones convencen, pero es la emotividad lo que empuja a la acción. Tu oponente, según me relatas, movió los hilos de la trama sentimental del respeto a la tradición del mayorazgo, y atacó tus palabras diciendo que fueron provocadas más por tu amistad a Ismael que por una precisa interpretación de los hechos.

—Total, fracasé.

—Vas por buen camino, Juan. Acepta los fracasos como una escuela de superación que te presenta la vida, no te quedes con los lamentos, sino con la enseñanza; que no te inmovilice la depresión, sino que te impulse la esperanza de que has descubierto una de tus fallas, y que por ello te acercas al éxito, al reducir las causas del fracaso.

Lección

Debemos tener en cuenta la importancia del final, porque lo último que decimos en la tribuna es lo que el público tiene más a mano para juzgar nuestra actuación; de ahí que en vez del usual «gracias» hay que colocar una frase de impacto, que encierre en la mente del público el tema presentado. No olvidemos separar esta frase final del resto del mensaje mediante una pausa, de dos o tres segundos, y pronunciarla modificando el volumen de la voz.

También es básico establecer contacto visual con todos los presentes, siguiendo un orden, con lo que mostraremos la sinceridad de nuestras palabras y lograremos establecer un diá-

logo personalizado con nuestro público. Es recomendable mantener la mirada con cada persona durante tres o cuatro segundos.

Ejercicio

Solicite a un amigo o familiar que le platique una experiencia de un viaje durante un par de minutos, pero que al hacerlo no coloque para nada la vista en el rostro de usted. Usted sí puede ver libremente a su interlocutor.

—Ahora cambien de papel y sea usted el narrador, bajo las mismas condiciones.

Comenten entre sí la experiencia, que seguramente les hará ver la importancia del contacto visual en la comunicación humana.

CAPÍTULO VII

La respiración y la voz

El incomprensible, pero siempre bello diálogo de trinos entre los pájaros, llenaba de música la tarde que decaía, preparándose a mostrar el soberbio espectáculo de la puesta del sol.

Lidias, a pesar de su avanzada edad, caminaba erguido; sin la soltura de la juventud, pero con el entusiasmo de quien se sabe útil, fuente conservadora de vida.

El acercamiento entre maestro y alumno, relación que mezcla efectos de paternidad, amistad, respeto y benevolencia, unía cada vez más a Lidias y Juan, en ese dar del viejo y recibir del joven que impulsa el desarrollo del mundo.

—Esta tarde —inició Lidias el diálogo—, analizaremos la materia prima del discurso.

—¿Cuál es, maestro?

—La voz, Juan. Pero antes, debemos hablar de la respiración, ya que como entenderás, una y otra cosa están muy relacionadas.

—¿En qué nos afecta la respiración?

—Ten presente que podemos vivir más de un mes sin comer, unos días sin beber líquido, pero sólo un momento sin aire.

—Cierto, maestro, el aire es vida.

—El aire es también la materia prima de la voz, ya que ésta no es otra cosa que la vibración de las cuerdas vocales por el paso de una corriente de aire que después es ajustada por la interacción del paladar, lengua, dientes y labios.

—O sea, sin aire no hay sonido.

—Precisamente. Pero el aire jugará otro papel prominente; en la tribuna estamos sometidos a tensión nerviosa, lo que hemos mencionado que es deseable, siempre y cuando manejemos este nerviosismo a nuestro favor, y el aire nos ayudará en este cometido. Con un amplio manejo de aire en nuestros pulmones produciremos una buena circulación sanguínea en el cerebro, lo que nos dará el control de la situación.

—Es decir, la razón manejará la emoción.

—Correcto. El aire lo vamos a tomar a través de la respiración, por ello vamos a examinar este proceso. Solemos respirar torácica o diafragmáticamente; lo primero es un vicio respiratorio, ya que pretendemos expandir nuestros pulmones en contra del enrejado óseo que forman las costillas y la espina dorsal, lo que limita las posibilidades del crecimiento y la cantidad de aire a manejar. Por el contrario, en la respiración diafragmática el crecimiento de los pulmones es hacia abajo, en contra de una membrana elástica que no impide el crecimiento, sino que lo facilita; es como se llena una copa de vino, del fondo hacia arriba. Además, los pulmones tienen forma de pera y les cabe más aire en la parte inferior que en la superior.

—Si es mejor la respiración diafragmática, ¿por qué se usa la torácica, maestro?

—Por perezosos. La vida sedentaria exige poco esfuerzo físico y los pulmones se acostumbran a manejar la respiración torácica.

—¿Cómo se recupera la respiración diafragmática?

—Básicamente haciendo ejercicio físico más o menos violento, porque en esa situación la mayor demanda de aire solicitada por el cuerpo hace que recordemos la respiración diafragmática. De ahí la conveniencia de practicar regularmente un deporte o la buena costumbre de realizar ejercicio físico diario.

—Yo camino bastante, todos los días, maestro.

—Muy bien, Juan, aunque debes procurar forzarte de modo que camines con celeridad, que te sea ligeramente incómoda la velocidad del andar para que represente un ejercicio físico provechoso. Otra recomendación es no usar la ropa muy ceñida en la cintura porque esto impide la expansión diafragmática de los pulmones. También puedes realizar un pequeño ejercicio con frecuencia:

saca el aire de los pulmones por la boca, contando lentamente mientras lo desfogas, hasta que sientas haber exprimido tus pulmones y haberte quedado sin aire; esto te obligará, a continuación, a tomar un amplio volumen de aire y acostumbrarás a tu sistema respiratorio a manejar importante cantidad de aire en cada ciclo; procura aumentar la cuenta numérica al soltar el aire, para hacer cada vez más amplio el ejercicio, y realízalo todos los días, varias veces.

—¿Qué más puedo hacer para mejorar mi respiración?

—Algo muy simple, pero muy valioso: ríe con frecuencia. La risa es un ejercicio estupendo para fortalecer el diafragma y propiciar la respiración profunda, además de ser el mejor medicamento para el alma y el cuerpo.

—¿Sería útil, además, consultar a un maestro de gimnasia o tener conocimiento de las prácticas del yoga que provienen del lejano oriente?

—Desde luego, te recomiendo hacerlo.

—Háblame, sobre la voz, maestro.

—La voz es la sustancia del discurso, un don único y maravilloso del hombre. Existen dos tipos de ingredientes en la voz.

—¿Cuáles son?

—La dicción que es de origen intelectual y la modulación que es básicamente producto de la emotividad. En la dicción podemos abarcar: pronunciación, puntuación y fraseo. Te explicaré cada una: la pronunciación tiene que ver con el hecho de que cada letra de cada palabra tiene un sonido particular que debemos emitir con precisión, porque sólo así lograremos ser claros y comprensibles para nuestro auditorio.

—Entre la gente de poca cultura hay la tendencia a suprimir letras o cambiarlas.

—Esto es lo que debe evitar todo orador que se precie de serlo. No debemos decir «*pos*» en vez de «pues» ni «*paque*» en lugar de «para qué».

—Entre los jóvenes, maestro, como entre ciertos grupos de la población, se emplea un lenguaje particular, que incluso cambia el significado de las palabras.

—Cierto, y esto demuestra que se habla una lengua «viva» que está en evolución; sin embargo, desde la tribuna debemos procurar ser cautos en el empleo de las palabras: usar la pronunciación y el significado generalizado para hacernos comprender por todo el público.

—Mencionaste también la puntuación.

—Si ves un escrito encontrarás múltiples signos de puntuación, mismos que debes emplear en tus presentaciones desde la tribuna; es decir, debes hacer pausas breves, a manera de una coma; pausas mayores, como un punto y coma; altos definidos, imitando el punto y seguido; silencios marcados para cambiar de tema, como el punto y aparte; usa signos de admiración para recalcar ciertas frases y cuestiona al público con signos de interrogación. Esto da belleza y claridad a tu mensaje. Una alocución de corrido, sin pausas, pierde comprensión para el auditorio; ellos no conocen los pensamientos del orador, los escuchan por primera vez; hay que permitir que los digieran a través de las pausas, de otra manera se indigestan, se aburren y abandonan mentalmente al orador.

—Entiendo, maestro, es distinto a los pensamientos escritos en que tenemos la oportunidad de regresar a leer el párrafo que nos quedó en duda; ante el orador sólo se escuchan las ideas una vez.

—Por otro lado, Juan, decíamos que la voz es producto de una corriente de aire que emitimos por la boca, lo que significa que para hablar tenemos que exhalar aire, pero necesitamos también inhalarlo, y las pausas de la pronunciación servirán para tomar aire.

—Es decir, para que no se ahogue la voz.

—Finalmente, en cuanto a la dicción, tenemos el fraseo, el cual nos recuerda que, entre signo y signo de puntuación, debemos hablar de corrido, unir la última letra de una palabra a la primera del siguiente vocablo, ya que si pronunciamos palabra por palabra, separándolas, se pierde fluidez, emotividad y coherencia en lo que decimos.

—He notado que esto se presenta con frecuencia, maestro. Cuando el orador no recuerda lo que sigue, empieza a pronunciar palabra por palabra, incluso arrastra la última letra de cada palabra, como queriendo ganar tiempo para que las ideas vengan a su mente.

—Así sucede, Juan, y debe evitarse. Es preferible hacer un alto, un silencio en busca de la idea, que alterar el fraseo, porque incluso hacemos más patente nuestra falta de ideas.

—¿Cómo se mejora la dicción, maestro?

—Demóstenes, para muchos el padre de la oratoria, tenía problemas con su dicción, al grado que sus primeras presentaciones en el Ágora de Atenas fueron un fracaso; decidió corregir esta deficiencia, y para ello acudía a la orilla del mar; donde las olas rompían estruendosas contra los acantilados de la costa; se llenaba la boca de piedras pequeñas, y en estas condiciones ensayaba sus discursos venciendo con la voz el ruido del mar. Este deseo de mejorar, llevado a la práctica con disciplina, encumbró a Demóstenes, como lo puede hacer contigo, a ser uno de los hombres más influyentes de su época.

—¿Debo hacer el ejercicio de Demóstenes, maestro?

—No —dijo Lidias sonriendo—, te voy a recomendar algo mucho más sencillo, pero igualmente útil: dedica diario tiempo a leer dos o tres papiros, pero imponte una dificultad, colocándote entre los dientes un mango de madera de las plumillas de los escribanos o un trozo de madera de diámetro pequeño, y con este estorbo en la boca lee en voz alta respetando con cuidado la pronunciación, la puntuación y el fraseo. Procura que sea una lectura fácil, algo así como un cuento infantil, a fin de que puedas concentrarte más en el ejercicio que en la profundidad de lo que lees.

—¿Se mejora la dicción con esto?

—En forma sorprendente. Al tener el estorbo de la madera en la boca, tu lengua se agiliza y al no poder pronunciar con rapidez, te das tiempo para emitir los sonidos correspondientes a cada letra. No olvides dedicar diario unos momentos a este ejercicio.

—Prometo hacerlo, maestro.

—Pasemos ahora a la modulación, en donde nos encontraremos también tres elementos básicos: tono o timbre, volumen y velocidad.

—Todos tenemos un tono particular y único de voz.

—Tan es así que al llegar a casa de un amigo, antes de entrar, puedes gritarle, y, sin haberte visto, te reconocerá por el tono particular de voz. Pero aunque tenemos un tono propio, para efecto de hablar en público es conveniente hacer variaciones y correrlos, por momentos, un poco hacia un tono más agudo y también a tonos más graves que el nuestro.

—¿Es difícil?

—No, lo hacemos en forma natural en nuestra conversación: cuando hablamos de algo muy serio y circunspecto solemos ser más graves de lo normal, y si narramos algo cómico, simpático, nuestra voz será más aguda que usualmente.

—Muy cierto. Mi padre cuando me reprende cambia de voz.

—Las variaciones de volumen son también indispensables en un buen orador. Habrá momentos en que debamos subir la voz, y en otros, al referirnos a un aspecto tierno o sentimental, el volumen debe decrecer. Pero estos cambios deben hacerse por medio del aire; hablar en volumen bajo no significa que sólo puedan oírnos los de la primera fila, debemos llegar hasta el fondo de nuestra audiencia, aunque el volumen sea bajo, ya que una corriente suficiente de aire llevará nuestra voz.

—¿Te refieres a la importancia de manejar suficiente aire en nuestros pulmones, que mencionabas antes, maestro?

—Así es, Juan. No debemos subir el volumen con la garganta, porque al poco tiempo estaremos afónicos; debe ser producto de un amplio gasto de aire. Por último, hablemos de la velocidad.

—Supongo que también debe variarse.

—Correcto, habrá partes del mensaje en que conviene usar cierta rapidez, y en otros momentos por el contrario, es indispensable bajar la velocidad, recalcando algunos pasajes. Es importante señalar que no debemos llegar al extremo de equivocar la pronunciación ni el fraseo.

—Son muchas cosas por controlar, maestro.

—Sólo en apariencia, Juan. Los elementos de la dicción los manejarás adecuadamente si haces el ejercicio diario de colocarte la madera en la boca y leer en voz alta; y en cuanto a los de la modulación: tono, volumen y velocidad, recuerda que dije que son de origen emotivo; por lo tanto, si te apegas a la recomendación de ser emotivo, de dar salida a tus emociones y sentimientos, estarás, automáticamente, modulando correctamente tu voz. La emotividad es el gran secreto de la oratoria; la razón construye las ideas, pero es la emoción la que hace que penetren en la mente de nuestros oyentes. ¿Has escuchado a un orador monótono?

—Desde luego, maestro. Muchas veces he oído a oradores muy conocedores de su tema, verdaderas eminencias, que sin embargo duermen al público por la monotonía en su presentación.

—La monotonía es el veneno mayor de la oratoria. La palabra lo dice muy claro «mono-tono»: un solo tono de voz, igual velocidad, mismo volumen.

—¿Cómo se libra uno de caer en ella?

—El antídoto para la monotonía es justamente la emotividad, que al controlar la modulación de la voz produce variaciones de tono, volumen y velocidad. Observa en la conversación diaria la expresión de un hombre alegre al narrar algo grato que le ha sucedido, o el caso contrario, un hombre iracundo, presa de la ira, y podrás apreciar un manejo natural y eficiente de la modulación. Cuando la emotividad se hace cargo de tus expresiones no puedes caer en la monotonía.

Juan encontró lo que buscaba al pasear por el huerto de Eneas, una tarde, cuando el sol se recostaba en el horizonte arropándose con los montes para dejar en la penumbra a la ciudad.

Los árboles del huerto, convertidos en nidos multifamiliares, daban albergue a enormes parvadas que regresaban del diario quehacer a dormitar en sus viviendas.

El coro de trinos, diálogo cantado, era ensordecedor: justo lo que Juan requería.

Para su buena fortuna, cuatro niños jugaban al escondite en el huerto, y Juan, con su proverbial facilidad para entablar amistad con los infantes, les propuso cambiar de juego.

Se instaló en lo más tupido del bosquecillo, donde el ruido de las aves era mayor, y colocó a los cuatro niños en hilera: el primero a quince codos de distancia y los siguientes alejados cinco codos uno del otro. Procedió a narrarles fábulas de Esopo y el que no le oyera con claridad debería levantar la mano y agruparse con su compañero de enfrente. Con tristeza, pudo apreciar que en su primer intento los cuatro niños terminaron reunidos junto al primero e incluso dieron unos pasos al frente para poder escucharle.

Estableció un pacto con los pequeños: tres días por semana se reunirían ahí, a la misma hora, para escucharle narrar cuentos y fábulas.

A medida que los días transcurrían, la voz de Juan fue adquiriendo firmeza y potencia y en las últimas reuniones del juego, meses después, el niño colocado a cien codos de distancia oía la narración con claridad.

Lección

Utilizar la respiración profunda, diafragmática, en la que se llenan los pulmones como una jarra de agua, primero por abajo y luego hacia arriba, es primordial para reducir la tensión nerviosa, mejorar el buen uso de la voz y nuestra salud en general.

Para el apropiado manejo de la voz, se recomienda cuidar la dicción: pronunciación, darle a cada letra su sonido correcto; puntuación, hacer pausas en los momentos apropiados, y el fraseo, completar las frases y oraciones sin interrupciones intermedias.

En cuanto a la modulación de la voz, que incluye tono, volumen y velocidad, su adecuado manejo dependerá primordialmente del uso del gran secreto de la oratoria: la emotividad, que a su vez es el antídoto al veneno de la monotonía.

Ejercicio

Al respirar adecuadamente por el movimiento del diafragma, al inhalar aire el vientre se expande hacia fuera del cuerpo y se endurece.

Acuéstese en el piso, boca arriba, y coloque este libro en su vientre: si al tomar aire el libro sube, quiere decir que está respirando apropiadamente.

CAPÍTULO VIII

Movimientos del cuerpo y ademanes

Lidias había invitado a Juan a comer en su casa para celebrar que iniciaban la segunda parte de la enseñanza.

Tras degustar sabrosos pichones asados, rociados de aceite de olivo con cebolla machacada, Lidias agregó:

—Te felicito por tu perseverancia, Juan. Muchos se desaniman ante la dedicación que se requiere para adquirir destreza en el uso de la palabra, sin darse cuenta que sin constancia y determinación poco o nada se logra en la vida.

—Yo agregaría el entusiasmo por lo que se hace, como un tercer factor determinante para llegar a la meta. Cada día, maestro, veo más clara la valía de tus conocimientos: el hombre puede vivir aislado un tiempo corto, en busca de sí mismo, pero es en el convivir con los demás donde reside la esencia de la existencia humana, y aprender a comunicarnos adecuadamente es aprender a vivir.

No podía terminar la comida sin los dátiles de Jericó, tan del gusto de Lidias, así como las nueces, pasas de Corintio y los higos en miel.

Lidias invitó a Juan a caminar por la huerta e inició la lección del día:

—¡Por fin, Juan, podrás moverte! Después de haberte pedido que guardaras la posición de firmes natural en tus prácticas anteriores de oratoria, ha llegado el momento de reforzar nuestras palabras con la acción de nuestro cuerpo.

—Ya me acostumbré a quedarme quieto, maestro.

—Tendrás que esforzarte ahora en realizar los movimientos convenientes, pero ha sido útil que dominaras primero la posición de firmes, como te darás cuenta. Ten presente que todos los movimientos en la tribuna deben apegarse a cinco reglas: ser intencionales; ser congruentes con nuestras palabras; utilizar los estrictamente necesarios; no se debe interrumpir el contacto visual con el público; finalmente, todos tus movimientos deben ser elegantes, cadenciosos, naturales.

—¿Qué movimientos puedo realizar, maestro?

—Podrás caminar, aunque más bien diría dar unos pasos, pero siempre apegado a las cinco reglas anteriores. Si en tu mensaje dices: «Se alejó de aquel lugar...», refuerzas tus palabras dando uno o dos pasos hacia atrás.

—Muchas veces se antoja caminar en la tribuna.

—¡Ten cuidado!, recuerda las reglas, porque no vale pasearse por la tribuna como león enjaulado para desfogar los nervios. Tus movimientos deben llevar intencionalidad y congruencia con la finalidad de ilustrar lo que estás diciendo.

—Además de caminar, digo... dar unos pasos, ¿qué otros movimientos puedo hacer?

—Flexiones de piernas y cuerpo para enfatizar tus expresiones. Si hablas de algo que apenas sobresale del suelo, puedes doblar tus piernas para señalar la proximidad al piso; refiriéndote a un anciano encorvado por los años, es válido doblar el cuerpo para ayudar al público a imaginar la presencia del viejo.

—Te entiendo, maestro.

—La cabeza debes moverla con cuidado, básicamente para el contacto visual con tu público y para negar o asentir. Nada más. Siendo nuestro rostro de donde sale la voz, de donde emana el contacto visual, es la parte de nuestro cuerpo que captura la mayor atención; cualquier movimiento desordenado de la cabeza, no sólo distrae, sino que molesta e inquieta al auditorio.

—Muy cierto, maestro, hasta el movimiento brusco de la cabeza para hacer contacto con el público se ve mal.

—También es desagradable, Juan, el bamboleo del cuerpo del orador, lo que se provoca al pararse uno con los pies muy juntos; tampoco se ve bien el estar parado sobre un solo pie, y cambiar al otro, porque da la sensación de desgano por parte del que habla. Todo esto se evita con la posición adecuada, a la que nos referimos en la primera lección.

—Lo recuerdo, maestro, los pies firmemente asentados en el piso, cómodamente separados, sin exagerar para no dar la apariencia de estar retando al auditorio, ni demasiado juntos, por lo que mencionas del bamboleo, y con las rodillas ligeramente empujadas hacia atrás para dar rigidez a las piernas.

—Bien dicho, Juan. Cuida también que tus movimientos no te lleven a darle la espalda al público, lo que violaría la regla de no interrumpir el contacto visual.

—Además, se considera de mala educación el dar la espalda a la gente.

—Pasemos ahora al movimiento de nuestras extremidades superiores, brazos y manos, a los que llamamos ademanes.

—Son muy importantes, ¿no es así?

—Los ademanes son casi tan importantes como la voz, ya que son los principales elementos de que disponemos para reforzar y complementar nuestras palabras en la tribuna, diría yo, para materializar nuestros pensamientos ante el auditorio. Hemos dicho que la vista es el más ágil de los sentidos con que los hombres captamos nuestro entorno, y serán los ademanes los encargados de utilizar este canal de recepción del público, y estimular con ello la aceptación del mensaje del orador.

—¿Qué ademanes deben usarse, maestro?

—Los más frecuentes son, en primer término, los descriptivos, los que nos hablan de forma: circular, esférico, cuadrado, rectangular, triangular; de tamaño, grande, pequeño, alto, bajo, o de posición, arriba, abajo, a mi izquierda, a mi derecha. Debemos utilizarlos adecuadamente; si hablas de algo circular, puedes pintar en el aire, con un dedo, un círculo, pero si te refieres a un objeto esférico, debes usar ambas manos, como sosteniendo la esfera, para dar la idea de volumen.

—La congruencia a la que te referías en una de las cinco reglas, maestro Lidias.

—Existen los ademanes confirmativos, los que se utilizan para subrayar o enfatizar, como al decir: «de ninguna manera...», «recto de la cabeza a los pies...». Contamos también con los ademanes indicativos, para señalar, acusar o exaltar. Para estos últimos, es más propio y elegante usar la mano abierta, con los dedos juntos, en vez de hacerlo con el índice extendido y los demás dedos empuñados, que es un señalamiento muy directo, puntilloso y en ocasiones poco grato.

—Dicen que cuando se señala con el índice, tenemos tres dedos dirigidos hacia nosotros.

—Recuerda, Juan, al recomendarte utilizar la posición de firmes, te decía que las manos deberían estar sueltas, abiertas, de esta manera tu ademán indicativo saldrá con la mano abierta.

—Ésa es una de las ventajas de la buena posición inicial estudiada.

—Un aspecto importante: tus ademanes indicativos, cuando sean para acusar, deben ser dirigidos a un lugar neutro, donde no haya persona alguna, para no ofender a nadie.

—Entiendo, se vería uno muy mal al hablar de «los hombres malvados y deshonestos...» y dirigir ademanes hacia el público.

—En cambio, cuando tus palabras sean de alabanza, tus ademanes deben abarcar a tu auditorio.

—A todos nos gusta estar en la lista de los buenos.

—Contamos finalmente, entre los ademanes de uso más frecuente, a los subjetivos, que son los más difíciles de manejar, pero muy valiosos ya que son los que expresan sensaciones, emociones, estados de ánimo.

—¿Como para hacer referencia al amor y al odio, a la amistad, la felicidad o la tristeza?

—Justamente. Son ademanes que van reforzados por la expresión correspondiente en el rostro, por la vibración interna que se vuelca al exterior, pletóricos de emotividad.

—Debe sentirse hondamente lo que se dice para que salgan bien, ¿no es así, maestro?

—Muy cierto, Juan. Cuando estos ademanes expresan sentimientos buenos, nobles, los movimientos de nuestros brazos deben ir al frente o hacia arriba; en cambio, cuando se trata de sentimientos negativos o indeseables los movimientos serán hacia abajo o hacia atrás.

—Se puede comparar esto al hecho de que cuando nos referimos a Dios, a la gloria, lo ubicamos arriba de nuestra cabeza, en cambio cuando pensamos en el demonio, el infierno, lo imaginamos enterrado bajo nuestros pies.

—Respecto a los ademanes, Juan, es conveniente, mientras nos acostumbramos a su uso, intelectualizarlos en nuestras prácticas.

—¿Cómo se hace?

—Una vez que hayas armado tu mensaje, lo practiques en voz alta y lo domines, colócate frente a un espejo y piensa en cuál sería el ademán más conveniente para expresar cada parte de tu alocución y ensáyalo. Desde luego, esto debe hacerse solamente en la práctica, nunca en la tribuna. Ante tu público debes dejar que sea tu emotividad la que gobierne tus ademanes, nunca pensar en los ademanes mientras entregas tu mensaje, porque saldrán mecánicos, fríos e incluso fuera de sincronía con tus palabras.

—Parece difícil dominar los ademanes, maestro.

—Como todo, Juan, requiere práctica y empeño. Cuídate de no caer en el ademán de un solo brazo, como si el otro lo tuviéramos inutilizado; tampoco utilices ademanes sincronizados en los que mueves simultánea y continuamente los dos brazos en igual forma, como tampoco es recomendable el ademán rítmico en que mueves alternativamente un brazo y otro a un ritmo constante.

—¿Qué otros errores debo evitar en mis ademanes?

—El ademán prolongado, el que se queda estático y pierde sincronía con las palabras. Pero el error más común en los ademanes es lo que llamamos el medio ademán: los brazos doblados en escuadra, con los codos pegados al cuerpo. En esta posición nuestros ademanes son únicamente de antebrazo, como marionetas; incluso nos tomamos las manos, o nos las frotamos como si nos enjuagáramos.

—Tienes razón, maestro, muchas personas que hablan en público adoptan esta posición de medio ademán.

—Esto nos lleva de regreso a la posición de firmes natural con que iniciamos el aprendizaje, y nos hace ver que las enseñanzas anteriores nunca se suprimen, se suman a los nuevos conocimientos que adquirimos. La posición de firmes no la perderemos, ya que debe ser el punto de partida y retorno de todos los movimientos del orador: el ademán debe salir solo, amplio, desde la posición inicial, expresarse y retornar a la posición de firmes, para que de ahí se inicie el siguiente ademán. Si tenemos esto en cuenta no caeremos en el medio ademán, que es una falta de retorno a la posición de firmes.

—Ahora entiendo, maestro, tu insistencia en la posición de firmes y la conveniencia inicial de dominarla para que después permita, con facilidad, ejecutar adecuadamente los movimientos del cuerpo.

—Evita, Juan, la exageración en tus movimientos en la tribuna para no caer en la actuación o la declamación, artes muy bellas, pero distintas de la oratoria. En el teatro, en la expresión de poesía, se dice lo que otros escribieron, siguiendo las pautas, los sentimientos del autor; en cambio, en la oratoria, tú eres el creador y comunicador de las ideas, no necesitas teatralizar: sé natural.

Elías, criado de Juan, contrajo matrimonio con Ruth. En casa de Zacarías se daba inusual trato, cordial y respetuoso a los sirvientes, por lo que Elías recibió la ayuda de sus patrones para celebrar un modesto pero agradable banquete de bodas, después de la ceremonia en el templo que fue oficiada por el propio Zacarías.

Elías solicitó un favor, dado que su padre había fallecido años atrás, quería que Juan fuera el encargado de dirigir la palabra para ofrecer el ágape.

A Juan le entusiasmó la idea, y llegado el día, vestido con ropas de gala, con paso firme, que ocultaba un nerviosismo acelerado, se dirigió a la tribuna, a la que había sido llamado por un improvisado maestro de ceremonias y, tras agradecer la presentación, dijo a los presentes:

—Queridos contrayentes, amable concurrencia: ¡Qué la buena suerte los acompañe en su nueva vida! Es un deseo que me parece mentiroso: la suerte en el matrimonio no se espera, se crea. «Es una suerte que se hayan encontrado ustedes porque están hechos el uno para el otro.» ¡Falso! Diariamente encontramos a muchas personas, con muy pocas entablamos diálogo; con muchas menos trabamos amistad; con una sola establecemos el vínculo matrimonial.

»La suerte del encuentro no vale nada sin el trabajo de buscar en el otro las condiciones para formar pareja; es el esfuerzo por acercarse, por conocerse, y, partiendo de ahí, dejar que los cauces naturales que atraen al hombre y a la mujer hagan brotar primero una amistad, después el cariño, lo que finalmente desemboca en amor. No hay suerte en lo que ha sido alcanzado a través de trabajo y esfuerzo.

»Inician su vida conjunta con un gran capital: su amor. Pero, como todo capital, si no se le pone a trabajar con inteligencia para que produzca ganancias continuas, perderá valor. En las épocas de crisis, particularmente, hay que redoblar el trabajo para alcanzar ganancias a fin de que no se devalúe nuestro patrimonio.

»Les quiero aconsejar que para incrementar el capital de su amor, en primer término, no dejen de ser novios. El matrimonio no suprime el noviazgo, se le adiciona.

»Nunca pierdan la ilusión de tomarse de la mano: no son los momentos de pasión ardiente los que conservan la unión, son las caricias cotidianas, las pequeñas atenciones vertidas con la frescura del primer atrevimiento las que amarran la red que guarda, libremente cautivo, su amor.

»Acostúmbrense al asombro matutino de encontrar a su lado la respuesta a sus ilusiones.

»Sepan que no será tarea fácil construir el hogar porque siempre serán dos, aunque lleguen a hacerse uno en la carne, y la armonía se dará en el saberse y respetarse diferentes.

»¿Por qué se desgasta el amor matrimonial? Creo que se debe a que perdemos de vista que todo acto humano es una selección: significa decidirse por algo, pero, al mismo tiempo, renunciar a lo demás. Quien toma pareja en el matrimonio decide entregar en exclusividad su capacidad de amar, física y moral. El hombre que se especializa en un quehacer se convierte en experto, dominando sus fallas, perfeccionando su habilidad; al consagrar su amor a su pareja, el ser humano perfecciona su capacidad amorosa en la comprensión, el respeto, la fidelidad, y esto colma en tal manera su alma que sabrá ser el buen amigo fuera de casa, pero reservará la flama interna de su corazón para su pareja.

»Al consagrar su amor en el altar, han ganado un padrino permanente: Dios, quien será el guía, el consejero.

»La salud de nuestra sociedad pide matrimonios permanentes y felices, unidos en el amor, para convidar a la vida comunitaria armoniosa, como una extensión natural de lo que se vive en casa.

»La devoción a Dios y el amor que se profesan quede guardado en su corazón. Enciérrenlo ahí y dense mutuamente la llave de la cerradura.

Lección

No existen movimientos neutros en la tribuna: cualquier desplazamiento servirá para una de dos posibilidades: atrapar con mayor atención al público en el mensaje o confundirlo y distraerlo. De aquí que todo movimiento del expositor debe ser: intencional, congruente, sólo cuando sea necesario, sin romper el contacto visual y natural.

Los ademanes son casi tan importantes como la voz, ya que alimentan al sentido de la vista, el más dinámico medio de percepción, pero tienen que ser adecuados para reforzar el mensaje, evitando que distraigan o confundan al público.

Ejercicio

Prepare un mensaje de cinco minutos sobre un deporte o pasatiempo que disfrute y preséntelo frente a un espejo varias veces, hasta que observe que todos sus movimientos y ademanes están reforzando apropiadamente las palabras.

Puede sustituir el espejo por una videograbación y analizar en las imágenes sus movimientos y ademanes.

CAPÍTULO IX

La improvisación

Un sirviente lavaba los pies de Lidias, quien retornaba de un viaje a Betania, cuando Juan se presentó a recibir su lección semanal.

Debido al cansancio de la jornada, el maestro Lidias permaneció sentado, ofreció a Juan una copa de vino rojo y lo invitó a saborear las uvas que rebozaban el frutero.

—El producto final —dijo Lidias al levantar su copa de vino— y la materia prima —señaló al arrancar una uva del racimo—. Cuánto sudor han derramado múltiples hombres para llegar de lo uno a lo otro, y entre más esmerado haya sido su trabajo, mejor será el resultado. Igual sucede con nosotros, Juan, sólo aquel que pone todo su empeño en transformarse en algo mejor cosecha el éxito. Hay que perseverar en las decisiones; para alcanzar la cima se debe mirar hacia arriba, doblegar al desánimo y a la flojera con la acción, imaginar la vista esplendorosa de la cumbre para borrar el panorama agreste de la pendiente, ahuyentar las tentaciones de la indolencia que nos invitan a sentarnos a esperar el paso de caballos alados que aparecerán para transportarnos; convencernos de que no hay más camino que los pasos que demos y que cada uno significa esfuerzo y sacrificio, porque el premio está al final de la jornada y no al principio.

—La enseñanza del arte de hablar en público que me entregas, maestro, es un claro ejemplo de lo que dices. No me ha sido fácil: muchas veces estuve tentado a huir, abandonar el trabajo, dejar de practicar, pero he pensado en lo mal que me sentiría conmigo, porque no se puede uno esconder del miedo propio, se quedaría uno con él para siempre; en cambio, si lo derrotamos, crecemos internamente, ya que, a fin de cuentas, la opinión que más vale es la que yo me formo de mí mismo.

—¡Bien pensado, Juan!, y para seguir con los retos de esta enseñanza, hoy hablaremos de una de las situaciones más comprometedoras que puede enfrentar el orador.

—¿De qué se trata, maestro?

—Imagina, Juan, que estás en una reunión, muy tranquilo, disfrutando de la ocasión, y de pronto alguien anuncia: «Invitamos ahora a Juan bar Zacarías, para que pase al frente a decirnos unas palabras».

—¿La improvisación, maestro?

—Precisamente, Juan. Es, de todas las oportunidades de hablar en público, la que más frecuentemente se presenta.

—¿Cómo se debe proceder?

—Empecemos por analizar que todo discurso tiene una parte intelectual y otra emocional. La combinación ideal se da cuando dominamos previamente la parte intelectual, formada por la construcción y práctica del mensaje, para que, resuelta esa parte, en la tribuna demos paso a la emoción, gracias a la libertad que nos ofrece una buena preparación.

—¿Qué sucede ante la necesidad de improvisar?

—En el caso de la improvisación, la preparación se ve reducida al mínimo, por falta de tiempo, lo que nos deja con la emoción como la dueña de la escena, y debemos apoyarnos en ella; hablar con sencillez, con naturalidad, sin preocuparnos por ser elocuentes, manejando los aspectos sentimentales del tema.

—Ser más corazón que intelecto.

—Precisamente, pero también será indispensable utilizar a plenitud la técnica de la oratoria que hemos aprendido, en primer lugar, por la confianza personal que nos da tener su apoyo, pero además, el empleo de una buena técnica nos ganará, de inmediato, el respeto y la atención del público, que sabrá reconocer en nosotros a una persona que se desempeña con seguridad y conocimiento de causa.

—¿Cuánto tiempo debe durar una improvisación, maestro?

—Debe ser breve, Juan, pero sin exagerar, la gente espera un mensaje y dice muy poco de nuestra capacidad oratoria el pronunciar unas cuantas palabras. Diría yo que el tiempo que tardas en cocinar un huevo tibio es un lapso ideal para una improvisación.

—No conviene tampoco alargarse...

—Desde luego que no. Parte del hecho de que tu preparación es pobre, si te excedes en palabras serás repetitivo.

—Descríbeme, por favor, maestro, el proceso de una improvisación.

—Generalmente, el organizador del evento se acercará a ti para solicitarte, en privado, que dirijas la palabra. Lo primero que debes hacer es aceptar, de no hacerlo provocarás la impresión de que no sabes hablar en público o que eres poco amable o ambas cosas.

—Creo que además me sentiría muy mal conmigo mismo: realizar el esfuerzo de seguir este curso, para dejar ir la oportunidad de mostrar lo aprendido, no sería justo.

—Existen unas cuantas excepciones a la recomendación de aceptar de inmediato: cuando estemos fuera de tiempo, circunstancia o autoridad, cabe negarse. Imagina un banquete de bodas en el cual ya pasó el momento del brindis, la gente se encuentra en el apogeo de la diversión, la música suena y todos bailan; si en ese momento se le pide a la gente que regrese a sentarse, a los músicos que callen porque alguien va a dirigir la palabra, las posibilidades de que ese alguien sea recibido con silbidos, en vez de aplausos, es muy alta; no aceptes ser ese alguien, haz ver al organizador que está fuera de tiempo tu actuación, que ya pasó el momento adecuado.

—¿Cuándo se está fuera de circunstancia o autoridad?

—Considera, para el primer caso, que estás invitado en una reunión de astrólogos y tú eres ignorante total de esta ciencia; si por saberse que tienes dotes de orador te piden que dirijas la palabra de improviso, poco afortunada podrá ser tu intervención si desconoces el tema que da origen al evento. Debes cuidar, por otro lado, que quien te invita a tomar la palabra para una improvisación tenga autoridad como organizador o director del evento, no puedes aceptar hablarle al público si quien te lo propone no forma parte de quienes dirigen la reunión, ya que sería una falta de educación incluirte en su programa.

—Eliminando estos casos de negación, si en circunstancias normales acepto la invitación, ¿qué debo hacer?

—Pide a quien te invitó dos favores: que te dé un breve lapso para prepararte y que alguien te presente en la tribuna.

—¿Cómo manejo el tiempo concedido?

—Empieza por alejarte de la reunión, sal del local, para que el bullicio no te impida concentrarte. Escoge el tema a tratar: el primero que te venga a la mente, no hay tiempo para analizar muchas posibilidades; es más, la ocasión probablemente sea el tema obligado. A continuación construye tu frase de inicio, toma ideas para el desarrollo del mensaje y estructura una frase de final. Guarda estas ideas en tu mente y ya estás listo para subir a la tribuna. No intentes practicar el mensaje ni una vez; el primer ensayo es el más pobre y lo único que conseguirás es incrementar tu tensión nerviosa.

—Si las ideas no acuden pronto a mi mente, ¿qué hago?

—Puedes recurrir a la fórmula de ordenamiento cronológico: pasado, presente y futuro; también cabe utilizar una secuencia de causa, efecto y consecuencia; o planteamiento de problema, aportación de solución e invitación al público a unirse a la propuesta.

—¿Qué se hace cuando el organizador del evento no tiene la atención de invitarnos en privado: lo hace en público, sin previa advertencia?

—Procederemos en forma similar al caso anterior, simplemente con mayor celeridad. No cabe la opción de negarse; nos ponemos de pie con calma, colocamos el asiento; si tenemos a mano una copa, tomamos un trago de agua; nos acomodamos la ropa: si la tenemos en orden nos la descomponemos un poco y nos arreglamos, y emprendemos camino a la tribuna con toda calma. En estos breves instantes que hemos ganado, empezaremos por escoger tema: la ocasión, lo que da origen a la reunión, no hay tiempo para buscar otro; construimos una frase de inicio y tomamos dos o tres ideas para el desarrollo del tema, apegados a las fórmulas anteriores. Nos olvidamos, de momento, del final; si nos surge una idea para él en la tribuna, perfecto, si no, recordemos el recurso de usar como final la misma frase del principio.

—Decías que no cabe la opción de negarse, ¿aunque estemos fuera de tiempo, circunstancia o autoridad...?

—Si somos llamados de improviso desde la tribuna, delante de todos los asistentes, no es válido negarse en ningún caso. Desde luego, al darnos cuenta de que se nos invita en alguna de las condiciones desfavorables que citaste, lo procedente aquí es ser extremadamente breve. En el caso mencionado de la fiesta de bodas, en que se interrumpe el baile para invitarnos a la tribuna, podríamos decir: «Estimada concurrencia, creo representar el sentir de todos al desear a los recién casados la mayor felicidad; y para que ésta empiece a reinar desde ahora, dejo la palabra en los instrumentos de los músicos».

—El reto fue aceptado, y con brevedad se te dio trámite.

—Pero piensa, Juan, que si se conoce el riesgo de la improvisación, vale la pena minimizarlo; se dice que el mejor discurso improvisado, es el discurso preparado.

—¿Cómo se logra, maestro Lidias?

—Todos conocemos con anticipación nuestros compromisos, sabemos que acudiremos a una boda, a la fiesta en casa de amigos, a una reunión con compañeros de trabajo..., imaginemos que en cada una de estas ocasiones nos van a invitar a dirigir la palabra y hagamos una preparación intermedia, que ni es aquella muy completa, a la que estamos obligados cuando hemos sido invitados como oradores con anticipación, ni tampoco la preparación nula. Escogemos tema para el evento, preparamos el mensaje y lo ensayamos dos o tres veces únicamente; si llegada la reunión nos piden que hablemos, estaremos montados en caballo de príncipe, pero si no, ¿qué habremos perdido? No sólo no hemos perdido nada, sino habremos ganado mucho: en primer lugar la preparación de un mensaje de oratoria es un excelente ejercicio intelectual, se tiene que hacer uso de la capacidad creativa, la imaginación, la memoria. Así como se ejercita el cuerpo para mantenerlo en forma, deberíamos poner a trabajar nuestro intelecto en una gimnasia mental como ésta. Pero además nos mentalizaremos positivamente para la reunión, ya que al preparar el mensaje nos concentramos en los aspectos positivos del evento, en las personas gratas que encontraremos; llegada la reunión llevaremos ventaja para el disfrute de la misma, incluso tendremos más temas de conversación. Pero todavía hay más, lo que no practicamos se olvida. Yo aprendí arquería de joven y era buen tirador; dejé esta disciplina por años y cuando quise retomarla quedé decepcionado de mi torpeza. Has hecho un esfuerzo por aprender las técnicas de la comunicación oral, Juan, si no las practicas las olvidarás en breve; un camino para que esto no te suceda es realizar con frecuencia estos ejercicios de preparación intermedia ante posibles improvisaciones que mantendrán frescos en tu mente los conocimientos adquiridos.

Juan visitó a su amigo Ezequiel que estaba enfermo, postrado en cama con fiebre.

—¡Bendito sea el Señor que te ha traído a verme, Juan!
—Me da gusto visitarte, Ezequiel bar Natan; aunque lamento tu enfermedad.

—Te agradezco la visita, Juan bar Zacarías, pero más reconocido quedaré contigo si tienes a bien hacerme un gran favor.

—Estoy para servirte, amigo, dime qué puedo hacer por ti.

—Me comprometí a visitar esta noche a mis hermanos, los fabricantes de sandalias, los de la calle angosta, que estarán reunidos en casa de Josué bar Ismael, al fondo de la calle, en el barrio bajo, porque les traigo noticias de la comunidad de Cafarnaúm, con relación a una muestra de sus productos que enviaron para allá. Desgraciadamente el mensaje que les traigo no será halagador, pero debo entregárselos, ¿me puedes hacer el servicio, Juan, de acudir a ellos y darles mi mensaje?

—Lo haré con gusto, querido amigo Ezequiel.

—Te lo agradezco profundamente. El mensaje que debes comunicarles es que la comunidad de Cafarnaúm dice que las sandalias que les enviaron...

Aquella noche, cerca del fondo de la calle angosta, se hallaban reunidos «los siete hermanos», joyeros de la calle del Arco, denominados así por el pueblo ya que formaban una fraternidad cerrada, que monopolizaba el comercio de joyas del barrio bajo e impedían que cualquier otro joyero se estableciera en la zona. Se hallaban reunidos en espera de la visita de un tal Ezequiel bar Malaquías, comerciante de la región del mar de Galilea, a quien habían entregado muestras de sus productos de joyería para que estudiara la posibilidad de venderlas por aquella región. Dos de los «hermanos» permanecían en la calle, a un lado de la puerta de la casa, cuando Juan pasó por ahí en busca de la dirección de los fabricantes de sandalias, a la que su amigo lo enviaba, y les dijo:

—Disculpen, vengo de parte de Ezequiel y busco...

No lo dejaron continuar, lo tomaron del brazo y lo condujeron de inmediato al interior de la casa al considerar que se trataba de la persona que esperaban.

Juan, a su vez, explicó que su presencia obedecía a que Ezequiel estaba enfermo y mandaba su mensaje por medio de él. Rápidamente se reunieron los «siete hermanos» en la estancia de la casa, sobre cómodos y amplios divanes, al estilo romano, y colocaron a Juan frente a ellos para oír con interés sus noticias.

Juan había decidido aprovechar la ocasión para practicar la oratoria, y les dijo el mensaje que tenía preparado:

—Estimados hermanos: ¡El negocio de ustedes está por los suelos!

A Juan le extrañó que su frase inicial no hubiera despertado la sonrisa que esperaba de los fabricantes de sandalias, pero sin desanimarse continuó:

—Quién no quisiera ver su producto pendiendo del cuello de una bella dama, lucido con elegancia en las manos o la cintura de un caballero, pero las circunstancias hacen que lo vuestro tenga que ser pisoteado y poco valorado.

¡Qué gente más seria! —se decía Juan—, no les arranco una sonrisa con nada..., pero hay que continuar.

—Con cuánto cuidado debe escogerse el material adecuado, de buena calidad, y después habrá que invertir largas horas de trabajo en su elaboración para terminar en manos de un cliente caprichoso que quiere rebajar el precio porque no le gusta el color, porque no es el diseño que buscaba, bueno, hasta por una correa suelta.

»Los tamaños representan otra dificultad: lógicamente, cada quien los quiere a su medida y esto complica la fabricación, ya que del mismo modelo se requieren varias dimensiones.

»Todo esto viene a colación porque la comunidad de Cafarnaúm se ha quejado de las muestras de sus productos y se han dado comentarios de que se les está dando cabra por vaca. Incluso, una dama comentó que prefería salir a la calle sin nada puesto que usar vuestros horribles diseños. Se les manda decir que las piedras se encajan en la piel por la cubierta tan delgada de los productos.

»Lo que sucede es que sus productos son finos y delicados y la gente de Cafarnaúm, aparentemente, quiere adquirir piezas más robustas, para el uso rudo de los pescadores y la gente del puerto.

»Por otro lado el abrillantador usado para las prendas es otra de las quejas, ya que la gente opina que se quiere hacer lucir material corriente como si fuera fino.

»Para los de pies grandes, se puede decir que la sortija se convierte en pulsera y los dedos les quedan de fuera.

»También la queja del precio: alegan que se quiere cobrar como si fuera oro lo que es cuero...

En eso, entró a la estancia un sirviente, se acercó a uno de los «hermanos» y le dijo al oído:

—Amo, en la puerta se encuentra el señor Ezequiel bar Malaquías, que viene a visitarlos.

Lección

Un reto frecuente para el expositor es la improvisación, y hay que aceptarla cuando no se esté fuera de tiempo, circunstancia o autoridad.

El uso preciso de las técnicas aprendidas para hablar en público es esencial en la improvisación, así como el ser breve.

Ante la necesidad de improvisar debemos preparar una frase de inicio, otra de final, más dos o tres ideas intermedias, pudiendo usar la secuencia de tiempo; hablar de causas y sus efectos, o darle tratamiento de problema al tema; donde analizamos el problema, aportamos una solución e invitamos al público a seguir nuestra propuesta.

Para no ser sorprendidos en cualquier reunión a la que estamos invitados, debemos pensar en la posibilidad de tener que improvisar y llegar preparados. Hay que recordar que la improvisación puede convertirse en una valiosa oportunidad de lucimiento.

Ejercicio

En pequeñas tarjetas en blanco anotar temas variados de los cuales pueda hablar. Llevar las tarjetas en la bolsa y cada día, al transportarse de un lugar a otro, tomar una tarjeta e improvisar un mensaje sobre ese tema, durante un par de minutos.

CAPÍTULO X

Los recursos del expositor

A pesar de los rayos solares que descargaban aún con fuerza su calor, Lidias, provisto de un parasol, decidió caminar por el sendero del huerto, acompañado de Juan bar Zacarías, para impartir la lección:

—Me gustaría este día, Juan, hacer contigo un recorrido desde el momento en que somos invitados a fungir como orador de un evento, hasta el final de nuestra actuación. Algunas ideas ya te son conocidas, otras serán nuevas, pero es importante repasar las etapas del quehacer de hablar en público.

—¿Por dónde empezamos, maestro?

—Lo primero es tener una entrevista con el organizador del evento, y obtener de él información indispensable para planear una presentación exitosa.

—¿Qué información debemos recabar?

—Necesitamos cerciorarnos de que conocemos perfectamente el motivo del evento, lo que reúne al público, ya que esto puede señalar el tema, como ya lo comentamos anteriormente. Aunque no sea el motivo central de nuestra alocución debemos manifestar conocimiento del objeto de la reunión, de las finalidades del grupo que forma nuestro público.

—Es decir, interesarnos por ellos.

—En efecto, Juan. Después de esto, habrá que convenir con el organizador del evento el tema a tratar; regularmente se llega a un acuerdo con facilidad, pero hay que tener presente el caso de excepción: cuando los organizadores quieren que se maneje un tema específico, que nosotros desconocemos; si la actitud de los promotores del evento es inflexible, en este caso especial, lo mejor es agradecer la invitación y no aceptarla.

—Debe ser muy poco frecuente...

—No te olvides a continuación, Juan, de indagar con detalle la composición del público: ¿serán todos jóvenes o ancianos?, ¿mujeres, hombres o mixto?, ¿cuál es el nivel cultural predominante en el auditorio? Entre más amplio sea tu conocimiento del público, más fácil te será entablar comunicación con ellos desde la tribuna y escoger los aspectos del tema que puedan interesarles.

—Hacer coincidir nuestros intereses y conocimientos con las esperanzas del público que acude a oírnos.

—Así es, Juan. Otra información que pediremos al organizador es el programa general de todos los actos que componen la reunión para saber si habrá otros oradores y conocer en qué orden nos corresponde actuar. Si puedes escoger, decide ser el primero en ocupar la tribuna: el público estará más fresco para escucharte. Es más, podría concertarse una reunión con los oradores; sería particularmente útil si todos trataran el mismo tema; se podría establecer con ellos un convenio para que cada quien desarrolle diferentes aspectos y hacer más grato el programa.

—Es indispensable, también, aclarar con el promotor del evento el tiempo que se nos asigna para estar en la tribuna.

—¡Bien dicho, Juan! Siempre hay que respetar, escrupulosamente, el tiempo asignado. También será necesario rectificar que una persona nos presentará ante el auditorio, y a través del organizador hacerle llegar nuestros datos personales o currículum sin incluir demasiada información, pero señalando nuestros logros más destacados. Otro detalle es recabar los nombres y cargos de las personas que ocuparán el presídium con la adecuada pronunciación, particularmente de quien preside el evento.

—Indagar con el organizador el lugar exacto donde se llevará a cabo el evento debe ser útil, ¿no es así, maestro?

—Desde luego que sí. Te ubica de antemano en la preparación del tema. Con relación a esta preparación hay varios aspectos a considerar. Dado que deseamos convencer y agradar a nuestro público, tenemos que empezar por ser nosotros los primeros convencidos de lo que decimos, lo que nos lleva a la reiterada regla de oro: hablar de lo que sabemos, conocemos o entendemos y decir de ello lo que sentimos y pensamos. El agradar al público se dará en la medida que estemos conscientes de esta necesidad y actuemos consecuentemente para lograrlo.

—¿Qué más debe hacerse para preparar un mensaje convincente, que agrade al público?

—No intentar impresionar al auditorio con un tema que suene muy docto, pero que no sea tuyo. Esto es muy común; los oradores que no han tenido tu oportunidad de conocer las reglas básicas de hablar en público, suelen pensar que si no expresan conceptos de mucha profundidad, rimbombantes, serán catalogados como incultos, siendo que el público valora primordialmente la sinceridad, la autenticidad y la naturalidad.

—Muy cierto, maestro.

—Otro consejo, Juan: no hacer confianza con el tiempo. Debemos iniciar la preparación del mensaje desde el momento en que somos invitados; es muy común pensar que falta mucho tiempo, dejarlo para después y muy probablemente tengamos que preparar nuestra alocución a la carrera, uno o dos días antes. Un mensaje es como el fruto del árbol, si se le deja madurar el tiempo suficiente, se cortará cuando tenga la plenitud de su sabor; entre más tiempo maneje nuestra mente las ideas de nuestra presentación, mayor oportunidad tendremos de éxito.

—Es como cocer el guiso el tiempo suficiente para que se impregne todo el condimento.

—Así es. También con relación al tiempo, debemos cuidar la extensión del mensaje, ya que cualquier público, en cualquier lugar y circunstancia, nos agradecerá siempre la brevedad.

—Los perfumes finos se venden en botellas pequeñas, los corrientes se envasan en recipientes grandes, maestro.

—¡Muy bien! Este tipo de expresiones, Juan, que ejemplifican un concepto, deben ser aprovechadas con frecuencia en nuestras intervenciones en la tribuna. Es valioso, también, asegurarse de que la información proporcionada al público provenga de fuentes fidedignas, tenga el soporte de alguna autoridad que respalde nuestras palabras, y evitar los sermones o regaños que sólo consiguen desagradar a los oyentes.

—Me imagino que no dejarás pasar esta lección sin hablar de la práctica del mensaje, maestro.

—Cada día nos conocemos mejor, Juan. En efecto, es fundamental estructurar bien el mensaje, con atención especial a las frases del principio y final, y, una vez elaborado el guión, practicar, practicar y practicar, hasta hacer nuestro el mensaje. Ten presente que nueve de cada diez fallas en la tribuna pueden achacársele a una práctica insuficiente del mensaje.

—Ya he practicado el mensaje hasta dominarlo, ¿qué sigue?

—¡Imagínate triunfador! Es fundamental para tener éxito en cualquier actividad humana el confiar en nosotros, convencernos de que saldremos victoriosos.

—Para que los sueños se hagan realidad hay que soñarlos primero.

—Así es. Además, descansa, relájate, te has preparado bien y triunfarás, pero debes llegar con suficiente reposo para sentir y mostrar tranquilidad.

—¿Cómo debo actuar al llegar al lugar donde fungiré como orador?

—Lo primero es ser natural, afable, nunca pavonearte como el orador de la reunión, como personaje que requiere atención especial, sé uno más de los asistentes para agradar al auditorio desde antes de subir a la tribuna. Otra advertencia: cuando sirvan alimentos antes de nuestra actuación debemos comer poco, una digestión pesada es enemiga del orador, ya que concentra energía en nuestro aparato digestivo en vez de en nuestro cerebro. Desde luego, debemos olvidarnos completamente de los estimulantes, nada de una copa para darnos valor o de tomar infusiones de plantas calmantes, esto se puede volver peligrosamente en nuestra contra cuando estemos en la tribuna.

—El licor será mejor para festejar el éxito al final...

—Sin abusar, desde luego. Lo que sí debemos tomar, momentos antes de pasar a la tribuna, es un trago de agua: nos «aclara» la garganta, y al ser nombrados para acudir a la tribuna es fundamental una amplia sonrisa; desde ese momento somos el personaje de la reunión y debemos mostrar el gusto por el encuentro con el público.

—¿Es cierto, maestro, que el orador supera en importancia a cualquiera otra persona presente durante su actuación en la tribuna?

—Desde luego, Juan. Si hablas ante el César romano, éste guardará respetuoso silencio y atenderá tu mensaje. Quien tiene la palabra tiene el sitio de honor, de ahí la importancia de aprovechar cada oportunidad de hablar en público; es muy probable que de ello dependa el lugar que ocupemos en la historia.

—Y una vez que estoy en la tribuna, maestro, ¿qué consejos adicionales puedes darme?

—Recordarás que te solicité guardar un momento de silencio antes de iniciar con el saludo que aprovecharás para hacer un recorrido mental de la posición. Durante este breve lapso silencioso, realiza también una o dos respiraciones profundas que te ayudarán con la tensión nerviosa inicial, y no olvides la importancia de la efusividad desde el saludo, desde tus primeras palabras agradeciendo la presentación captas la atención del auditorio, desfogas tensión nerviosa, mides tu voz; son muchas las ventajas de iniciar con fuerza, ya que será necesario que luzcas en la tribuna muy seguro, muy dueño de ti mismo, no con una actitud presuntuosa, todo lo contrario, le estarás diciendo al público: la seguridad que ustedes ven en mí proviene de una preparación esmerada que he realizado por respeto a ustedes, por lo mucho que se merecen como auditorio.

—Es muy cierto, maestro, el público atiende al orador que se muestra seguro.

—Otro aspecto a cuidar es no cambiar el guión que tenemos preparado; puedes agregar algunos comentarios con relación a lo que acontece en la reunión, pero no modificar diametralmente el mensaje porque alguien, que estuvo antes en la tribuna, ya expresó algunas de tus ideas. No hay dos mensajes iguales, ni aunque tú repitas tu propia actuación, menos entre dos personas, de modo que es preferible atenerse a lo que se ha preparado con esmero, y actuar con emotividad, autenticidad y entrega.

—¡Ganarse el aplauso!

—Hay que ganárselo y luego recibirlo, porque también es común salir corriendo de la tribuna después de nuestra actuación, generalmente por modestia, pero no hagamos cosas buenas que parezcan malas: el público puede sentirse ofendido porque no recibimos su aplauso, además, nos lo hemos ganado, ¡disfrutémoslo en la tribuna!

—¡Acabamos!

—No, Juan, todavía no. Al regresar a tu lugar conserva el carácter afable, acepta las preguntas, los comentarios de tus oyentes sin entrar en polémica aunque difieran de tus ideas, y algo muy importante: no abandones el lugar de la reunión hasta que haya terminado, cuando menos, el programa oficial del evento. La admiración que te has ganado en la tribuna puedes perderla si sales del lugar antes del final, la gente sentirá que le estás diciendo: «Ya terminé de hablar yo, que era lo importante de esta reunión, me retiro porque las demás actividades me tienen sin cuidado...».

—Y... ¿si realmente tuviera otro compromiso urgente?

—En primer término te aconsejaría cuidar tu organización personal sin amontonar compromisos, pero si se presenta el caso que citas, debemos comunicárselo en privado al organizador del evento y a quien lo preside, y abandonar el lugar con la mayor discreción posible, tratar de que no se note nuestra salida para conservar la imagen ganada en la tribuna.

Juan gastó sus ingresos de una semana en comprar golosinas para repartirlas entre los niños. Había invitado aquella tarde a sus fieles amigos que lo acompañaban en el huerto, venciendo el ruido de los pájaros, a que se hicieran acompañar de más amiguitos para celebrar una fiesta en la Colina de la Cueva. Se decía que si era capaz de entretener, únicamente con la palabra, durante un lapso prolongado a un grupo de niños inquietos, significaría que su capacidad como orador había crecido. «Para hablarles a los niños —se decía Juan— debe uno pensar como niño»; ésa era la receta del maestro Lidias: ponerse en el lugar del público y decirles lo que les gustaría escuchar, de modo que decidió darle forma de cuento a sus palabras:

Un día el rey llamó a sus tres jóvenes hijos y les preguntó: «¿Qué quieren ser cuando sean adultos?».
—Yo quiero ser el mejor espadachín del reino, del mundo entero... —respondió Apolonio, el menor.
—Yo quiero ser rey como tú, papá —dijo Leónidas, el de enmedio.

Como el tercero no contestaba, su padre le preguntó: «¿Y tú, Casio, mi hijo mayor, qué deseas ser?»

—No lo sé, padre —respondió Casio.

—¿Acaso no tienes deseos de sobresalir en algo? —preguntó intrigado el rey.

—Deseo muchas cosas, padre, pero no he podido decidir cuál es la más importante.

—Yo te diría, Casio, que la más importante es la que satisfaga mejor tu ánimo.

—Estoy en búsqueda de ella, padre, ¿puedes darme más tiempo para decidir?

—Desde luego, Casio, pero no tomes demasiado tiempo porque desde ahora daré a tus hermanos las facilidades que estén a mi alcance para que logren sus objetivos y tú puedes quedarte muy rezagado.

Cumpliendo su palabra, el rey trajo a palacio al más destacado instructor en esgrima para que Apolonio adquiriera la destreza que deseaba, y buscó a un sabio preceptor, especializado en cuestiones de Estado, para enseñar a Leónidas. El único sin maestro era Casio.

Pasó el tiempo, y un día el maestro de esgrima se presentó ante el rey para renunciar:

—Su majestad —le dijo—, vuestro hijo Apolonio es hábil con la espada, pero no progresa porque desatiende las enseñanzas, su interés está en las fiestas y las parrandas con sus amigos, falta a muchas lecciones y no practica lo necesario. Yo no puedo hacer más por él porque tiene el deseo, pero no pone la voluntad, y de ese modo siempre será un espadachín que destacará ligeramente por su habilidad, pero nunca será sobresaliente. Quien desea alcanzar una meta, pero no está dispuesto a sufrir las inclemencias del camino para llegar, se quedará en el trayecto refugiado en un logro parcial.

Para aumentar la pena del monarca, días después se presentó el preceptor de Leónidas:

—¡Me voy, su majestad!, mis esfuerzos para convertir a vuestro hijo Leónidas en un hombre capaz de gobernar han fracasado. Es un muchacho muy egoísta, tiene la habilidad de mando, pero su interés reside en su persona; tergiversa las enseñanzas de los grandes maestros para usarlas en su beneficio personal; el bienestar comunitario le tiene sin cuidado, sólo le importa el realce de su persona. Se puede tener la capacidad, incluso el ánimo del aprendizaje, pero si no hay el deseo del cambio interior, la meta deseada, en vez de un premio, se convertirá en castigo.

El rey mandó llamar a su hijo Casio para preguntarle si había decidido ¿qué quería ser?

—Sí padre —respondió Casio—, he decidido que seré escultor. Desde hace algunos años tenía el deseo, pero no quise confesártelo hasta tener la seguridad. He pasado varios años acudiendo a las canteras de la montaña blanca para conocer las piedras en su forma natural, para aprender su desprendimiento, para entender sus vetas...

—Pero hijo... tú eres el heredero natural a mi trono, ¿de qué te servirá la escultura para gobernar al reino?

—El reino, padre, está dentro de nosotros y yo podré servir mejor a todos en la medida que conjunte mis habilidades con mis gustos. Tengo mucho por aprender y ardo en deseos de que tu generosidad, como lo has hecho con mis hermanos, me facilite recibir lecciones extenuantes con el mejor escultor del reino, para, ante todo, esculpirme a mí mismo.

Han pasado cientos de años; nadie recuerda al mediocre espadachín que fue Apolonio ni el reinado triste de Leónidas, pero se siguen admirando, con emoción, las esculturas de Casio.

Lección

Hay que tener en cuenta que el quehacer del orador se inicia mucho antes del evento entrevistando al organizador para convenir el tema a desarrollar y conocer la ocasión, el público, el programa completo, el tiempo y el lugar de la presentación. Es indispensable aprovechar todo el tiempo disponible para construir y ensayar el mensaje.

En el lugar del evento debemos: ser afables, no usar estimulantes químicos, comer poco, al ser nombrados para pasar a la tribuna, tomar agua y sobre todo sonreír para mostrarnos gustosos de tomar la palabra y mandar a nuestro sistema nervioso una señal positiva de alegría ante la ocasión, lo que nos ayudará mucho.

Al terminar: recibir el aplauso, contestar las preguntas con amabilidad y no retirarse del local antes de que finalice la parte formal del evento.

Ejercicio

Ante una festividad familiar o de trabajo, solicitar con anticipación la oportunidad de dirigir un mensaje breve y aprovechar todo lo aprendido hasta aquí preparando un discurso de cinco minutos.

CAPÍTULO XI

El mensaje escrito y leído

—Maestro Lidias: ¿Por qué algunos oradores escriben su discurso y lo leen? ¿Debe hacerse así?

—Atendiendo a tu pregunta, Juan, dedicaremos esta lección al discurso escrito. Empezaré por decirte que el orador se ve más dueño de sí mismo, con mayor categoría, cuando dirige la palabra sin tener ningún pergamino frente a sí; el escrito no deja de ser un bastón de apoyo, pero existen ocasiones que hacen recomendable leer el mensaje.

—¿Cuáles son?

—Antes de contestar tu pregunta quiero hacerte una seria advertencia: no había mencionado antes el caso del discurso escrito porque es uno de los grandes retos que enfrenta el buen orador. Nunca caigas en la confianza de pensar que al tener el escrito frente a ti se facilitará tu actuación, más bien diría yo que se complica, como te explicaré.

—Yo pensaba, maestro, que después de los desafíos que he tenido en este curso, leer el mensaje sería pan comido...

—Nada de eso, Juan. Esta lección te demostrará por qué. Pero regresemos a las condiciones que nos llevan a escribir y leer el mensaje. Son básicamente dos: por precisión o por belleza.

—¿Por precisión...?

—Sí, considera el caso de un mensaje con muchas cifras, datos numéricos, citas de pergaminos; es preferible escribir el mensaje para proporcionar adecuadamente la información. Otra situación que nos obliga a ser precisos es un evento muy formal, en el que vamos a dirigir la palabra ante personas muy prominentes, como podría ser el mismo César, donde la importancia de la ocasión hace que no podamos correr el riesgo de equivocar una palabra y cambiar el significado de lo que deseamos decir.

—Debe ser emocionante dirigir un mensaje ante gente muy destacada...

—Desde luego, y tienes que ser muy preciso, por ello debes leer el mensaje. Otros casos son cuando representas a una agrupación, presides alguna cofradía y tienes que expresar, ante un auditorio, las normas o ideales de esa asociación; no hablas sólo por ti, sino a nombre de terceros, por lo que, nuevamente, la precisión te recomienda usar el mensaje escrito.

—Mencionaste, maestro, que la belleza es también una razón para llegar al mensaje escrito, ¿cómo se da esto?

—Imagina, Juan, que durante la preparación de tu mensaje tu mano se suelta y escribes el mensaje completo. Consideras que has creado una bella pieza literaria, la cual, si extractamos sus ideas básicas y la ensayamos con palabras diferentes, para no caer en la memorización, perderá la hermosura literaria del trabajo original al no ser interpretada tal como fue concebida. En este caso, es la belleza literaria la que te pide que leas el mensaje.

—Entiendo, sin embargo, no encuentro aún la complicación del mensaje leído.

—Vamos para allá, Juan. En la preparación del mensaje leído seguiremos los mismos pasos que hemos citado para una alocución sin pergamino enfrente, pero añadiremos algunos refinamientos en donde radican las dificultades adicionales. En primer lugar no es recomendable escribir el mensaje inmediatamente, es preferible manejarlo un tiempo, unos días en la mente para que nuestro intelecto lo asimile, le dé forma, ya que de esta manera nos será más fácil, posteriormente, sentarnos a escribirlo y lograr que nuestros pensamientos pasen al pergamino con fluidez.

—Tienes razón, maestro, para quienes no tenemos dones de escritor es necesario pensar con detenimiento antes de vaciar palabras en el pergamino para no desperdiciarlo.

—Vamos ahora a uno de los grandes retos del mensaje escrito: el vocabulario. En el mensaje sin lectura tenemos las ideas en la mente y las expresamos con las palabras que acuden a nuestra boca en el momento; en el mensaje escrito disponemos de tiempo para escoger cada palabra, para armar cada frase, haciendo todos los cambios pertinentes, lo que nos lleva a la obligación de utilizar el vocablo idóneo, aquel que estructura la idea con mayor precisión y belleza. Esto debe realizarse con cada una de las palabras que componen el mensaje. La presentación escrita debe tener un vocabulario amplio, refinado, colorido, en donde caben, incluso, palabras que no sean de nuestro manejo cotidiano, siempre y cuando sirvan para enriquecer la calidad literaria; como estarán escritas, frente a nosotros, no tendremos por qué tropezarnos con ellas.

—Ya veo la dificultad...

—Es conveniente emplear frases cortas, párrafos pequeños. Transformar los puntos y seguido en puntos y aparte. Utilizar abundante puntuación: toda la necesaria.

—Siguiendo estas recomendaciones escribimos el mensaje, ¿es así, maestro?

—En efecto, tendrás listo el borrador del mensaje.

—Yo pensaba que ya habíamos terminado...

—Recuerda que el mensaje escrito es mucho más exigente. A continuación debemos repasar nuestro borrador con un estricto sentido crítico; asegurarnos de que tenga la mejor calidad literaria que nos sea posible, de que hayamos puesto en juego todos nuestros conocimientos gramaticales; revisar que el mensaje sea fluido, armónico, bello. Después de las correcciones impuestas por esta revisión crítica dejaremos que sea el oído el juez final: leámoslo en voz alta, para escuchar «cómo suena» y luego hacerle los últimos ajustes.

—¡Vaya trabajito!

—Procederemos ahora a escribirlo en hojas cortas de pergamino, la mitad del tamaño usual, que sean lo suficientemente gruesas para poder sostener cada hoja con una sola mano sin que se doble. Utilicemos letras de molde del tamaño más grande que dispongamos. Poco material en cada hoja: dejando espacios amplios entre cada renglón. Escrito por una sola cara y con toda la puntuación anotada en el pergamino.

—Ahora sí ya terminamos...

—Terminamos de escribir el mensaje, Juan, pero ten presente que te he mencionado que las teorías del curso siempre se suman, nunca se restan, de modo que lo aprendido seguirá vigente: recomiendo pergamino grueso para que puedan sostenerse las hojas con una sola mano, a fin de que el brazo desocupado sirva para los ademanes; periódicamente, conviene cambiar los pergaminos de mano, para tener ademanes con el otro brazo. No debemos sostener los pergaminos con las dos manos simultáneamente, porque aniquilamos los ademanes.

—Supongo que ahora falta ensayar el mensaje, como siempre...

—Cierto, pero no como siempre. El mensaje escrito debemos leerlo tantas veces que después prácticamente lo sepamos de memoria gracias a tantas repeticiones, lo que nos lleva a otro aspecto de la teoría que hemos estudiado: el contacto visual con el público. Si conocemos en detalle el mensaje, podremos iniciar la lectura de una oración, y sabiendo el resto de la misma, levantamos la mirada y la decimos sin tener que leerla. De esta manera, debemos tener más tiempo la vista con nuestro auditorio que en el pergamino. Para esto, es necesario ensayar sobre el escrito definitivo, a fin de lograr no sólo la memorización de gran parte del texto, sino la ubicación de los párrafos para poder regresar la mirada con facilidad y prontitud al punto de continuación. Se ve muy mal que, al retornar la vista al pergamino, el orador pierda el hilo del mensaje al buscar dónde se quedó.

—Tenías razón, maestro, el mensaje leído resulta más difícil.

—Y no he terminado. Un factor fundamental del mensaje escrito es la velocidad de la lectura: debe ser la mitad de la que utilizamos cuando leemos para nosotros mismos. Si descuidamos esta consideración todo nuestro esfuerzo habrá sido en vano porque el público perderá el significado y la belleza del mensaje al ser leído con ritmo acelerado.

—Lo tendré presente, maestro, la mitad de la velocidad con que leo para mí mismo.

—En tu escrito podrás colocar toda clase de marcas o señalamientos para indicar pausas, cambios de velocidad, de volumen, puntos que quieres recalcar o cualquier otro manejo del mensaje.

—Ya entiendo tu recomendación inicial de no confiarse con el mensaje leído; no tiene nada de fácil, requiere cuidados especiales y ser ensayado exhaustivamente.

—Cierto, Juan, y no olvides que tu escrito debe tener mucha calidad literaria, amplio y preciso vocabulario, ser un tema muy sentido, es decir, emotivo, porque el público será más exigente con el mensaje leído.

—¿Qué sucede, maestro, cuando la presentación es extensa y no queremos leerla, pero sí contar con una guía de los puntos a tratar para no confiar solo en la memoria?

—Es una buena pregunta porque es un caso frecuente. La recomendación es colocar en un solo pergamino, también grueso, las ideas principales del mensaje en letra de molde de tamaño grande, para leerlas con disimulo y rapidez, mediante palabras sueltas o frases cortas que sirvan para recordar los conceptos y su orden. Debes tener en cuenta que el apunte nunca elimina la obligación de un ensayo amplio del mensaje.

La lección se vio interrumpida por la llegada de un sirviente de casa de Juan:

—Joven Juan —dijo el sirviente con los ojos llorosos—, vuestro padre... ha muerto.

Antes de rodar la piedra del sepulcro para sellar la entrada, Juan se adelantó y dijo:

—Querido padre que descansas bajo el manto del Señor, amables amigos que han venido a despedirse del rabí Zacarías: La muerte, esa hacha que derriba el árbol de la vida privándonos de su sombra, se ha presentado nuevamente en su implacable caminar entre nosotros.

»Has iniciado, padre, el viaje que todos tememos y tendremos que hacer. Si nos asusta lo desconocido, contando con referencias ajenas, cuánto más debe paralizarnos de miedo la falta de vida a quienes sólo conocemos la existencia palpitante. Pero es aquí donde la luz del Señor, como única respuesta, ilumina nuestro andar, y las tinieblas de la muerte se convierten en arco iris.

»Hondo ha calado en nuestro sentir el frío puñal de la muerte, pero la mano esperanzadora de las promesas del Señor restañará la herida, y las lágrimas en los ojos nos harán ver reflejos multicolores, anunciando que la gloria de Dios se abre para los justos.

»Cuántas cosas, padre, te dije en vida sin haberlas querido decir; cuántas otras quise decirte y no te dije. De pequeño me rebelaba a tus regaños, sin saber que a ti te dolían más que a mí; de mayor fui parco en decirte lo mucho que te admiraba.

»Sabemos que la vida lleva comprada la muerte, pero nunca nos parece suficiente la cuota de años asignada.

»Debemos ser hombres de luz para que cuando llegue nuestra noche perenne, quedemos en el firmamento brillando como estrellas. Algunos hombres construyen su muerte en vida, viven como quien traza una estela en el agua, sin esforzarse por arar el campo de la amistad, de la entrega, de la donación de capacidades al servicio de los demás. Tú, en cambio, padre, dibujaste tu vida con los pinceles del amor, la paciencia y la comprensión, camino de escasa retribución en oro, pero imborrable en la mente de los hombres y la memoria generosa del Señor.

»Tu recuerdo, rabí Zacarías, iluminará nuestra vida por siempre. Nos dejas la herencia intangible de una educación, transmitida con el ejemplo, centrada en el amor a Dios y a los semejantes, sin juicio entre buenos y malos al reconocer nuestras propias imperfecciones, dispuestos a dar sin buscar retribución, reconociendo que la vida es un continuo escoger entre amar y dejar de hacerlo y que nuestra felicidad se construye aceptando el camino del amor, aunque a veces sea el sendero más agreste.

»Me pregunto, ¿cuándo dejamos de existir?: la mayoría en cuanto cesamos de respirar; algunos logran sobrevivir mientras sus familiares y amigos los recuerdan; pero pocos, muy pocos, no se mueren nunca.

»Cuántos años se han ahogado en la historia y sigue viva en la mente del pueblo la imagen magnífica del rey Salomón; en cambio, ¿quién recuerda a los súbditos de tan gran monarca?, ¿no se contaban por millares?

»Siempre me he preguntado, ¿a dónde van a parar los anhelos, los sueños, las ilusiones de los seres humanos?, y vislumbro como respuesta que la mayoría enterramos en el panteón toda nuestra vida, y la diferencia con los pocos que nunca son sepultados en el olvido radica en que estos últimos no guardaron los sueños, no los atesoraron para sí, los realizaron; con perseverancia, decisión y sudor materializaron sus ideas, las compartieron, las entregaron al servicio de los demás, y con ello cincelaron su nombre muy por encima de las tumbas del panteón, a la vista de todos, donde la muerte se desvanece y deja de tener efecto.

»¿Pero..., podría ser que la distribución de dones fuera injusta, y que de aquí partiera la diferencia entre los hombres vivos en la historia y los que nadie recuerda?, ¿o es la mano invisible del destino la que da a unos las oportunidades que a otros les quita?

»Partiendo de la creencia, hondamente arraigada en mí, de la justicia divina por medio de la cual todos los hombres hemos sido dotados de dones, no puedo achacar la inmortalidad al sino o a las circunstancias.

»Ciertamente, el hijo del rico mercader, aleccionado por maestros destacados, lleva ventaja al hijo del campesino pobre, pero la diferencia estará en la cuota de trabajo adicional que debe aportar el pobre, porque es mas fácil llegar a la cima de la vida si nacemos a la mitad de la escalera, pero quien empieza de abajo, cuando alcanza a los demás, ya los superó, porque es dueño de la experiencia del ascenso, no se la heredaron. El pastor que se convierte en rey nos enseña el camino.

»Cuando, como ahora, la muerte de un ser querido nos confronta con la vida, con nuestro propio camino a la muerte, surge en mí la necesidad de la inmortalidad, no como una actitud presuntuosa, fatua, sino como un reflejo de responsabilidad, una cuota a cubrir en pago de los dones con que el Señor me favoreció.

»Ante mí se abren dos senderos; el de los hombres y el de Dios, caminos que no son incompatibles porque corren paralelos, que puedo recorrer simultáneamente con un pie en cada uno. Por un lado está la permanencia en la historia de los hombres, por haber entregado, honra damente, todas mis capacidades al servicio de mis hermanos. Por el otro, mucho más importante, la vida en el reino de Dios, de la cual ya somos partícipes desde ahora y que estamos obligados a comprar con la única moneda que el Señor acepta: el amor; el amor irrestricto a nuestro creador; el amor filial a los hombres y el amor a nosotros mismos como criaturas hechas a imagen y semejanza de nuestro Padre Dios.

»Has terminado tu peregrinación, padre, y nos dejas con la congoja de tu ausencia, pero de tus enseñanzas sacaremos la fortaleza, al saberte ¡compartiendo la mesa del Señor!

Lección

Si por razones de precisión o belleza hay que usar el mensaje escrito y leído, hay que tener en cuenta que no es fácil de manejar: requiere una preparación detallada, empezando por estructurarlo mentalmente antes de pasarlo al papel; usar un vocabulario amplio, colorido, preciso; colocar los signos de puntuación adecuados; emplear frases cortas y párrafos reducidos, de tres o cuatro renglones a lo sumo. Escribirlo en papel grueso que pueda sostenerse con una mano, para tener ademanes con el brazo libre; leerlo tantas veces que lo sepamos casi de memoria, para hacer amplio contacto visual y cuidar que la velocidad de lectura sea la mitad de la que usamos al leer para nosotros mismos.

Una guía del mensaje debe contener los puntos básicos en letra muy grande, con palabras sueltas o frases cortas.

Ejercicio

Escriba un mensaje para ser leído, con duración de dos minutos, sobre su personaje favorito —que puede ser una persona de la vida real o de la historia universal— dedicado a dar a conocer el porqué esa persona merece este calificativo para usted, sin caer en la presentación de una biografía.

CAPÍTULO XII

Situaciones desfavorables

Una larga caravana hizo alto frente a la casa de Lidias. De un camello lujosamente engalanado, que dobló sus patas en la tierra, descendió un hombre bajo y gordo, ricamente ataviado, de cuyo pecho colgaba una gruesa cadena de oro rematada en un pez de plata, bellamente cincelado, en el que sobresalía una esmeralda brillante formando el ojo del animal.

El ilustre visitante fue rápidamente anunciado al amo de la casa, quien iniciaba su lección semanal con Juan.

—Maestro Lidias —dijo el sirviente—, se presenta a visitarte Jonás de Letonia, el rico mercader.

—Háganle pasar —repuso Lidias—, y sirvan del vino oscuro de Tebas. Siempre se recibe con gusto a un antiguo alumno —le dijo a Juan—, y me agrada que lo conozcas, es un hombre exitoso.

—Maestro Lidias —dijo Jonás con voz sonora y emocionada—, que el creador te conserve para siempre —añadió mientras abrazaba a su maestro como a un padre.

—Es una dicha tenerte en esta casa —respondió Lidias—, permíteme presentarte a Juan bar Zacarías, mi actual y querido alumno.

—Es un gusto conocerte, Juan bar Zacarías —dijo Jonás—, tenemos en común la dicha de recibir la enseñanza más preciada, el don de la palabra, la llave que abre todas las puertas, y de boca del maestro Lidias, que es como recibir un destilado de esencia de vida.

—Ciertamente, del maestro Lidias se aprende no sólo a comunicarse, sino a vivir en armonía con uno y con los demás; para mí es también un placer conocerte, Jonás de Letonia —repuso Juan.

Mientras los sirvientes ofrecían el vino y lavaban los pies de Jonás, Lidias instó a su antiguo alumno a que le hablara de su vida.

—Como te lo mencioné hace algunos años en mi última visita, maestro —dijo Jonás—, tus enseñanzas fueron un parteaguas en mi vida, la confianza que se desarrolló en mi interior al saberme poseedor de la técnica para hacer entrar mis ideas en la mente de los demás, y sobre todo, en su corazón, cambió mi existencia.

—¿En qué forma? —preguntó Juan intrigado.

—Siempre soñé con ser comerciante, viajar a los confines del mundo para recoger los frutos de la tierra y de la creatividad del hombre y mercadearlos, llevar lo conocido de aquí a los lugares en que lo desconocen, y traer de allá los productos usuales que aquí serán novedades. Pero mi boca era torpe y, aun conociendo los secretos del comercio, carecía del ingrediente principal: la palabra bien expresada. Mi avance era lento, como el de un ciego en casa ajena.

—¿Qué sucedió? —preguntó nuevamente Juan.

—El maestro Lidias se cruzó en mi camino y sus enseñanzas fueron la luz que desapareció las tinieblas de mi existencia. En cuanto la capacidad de comunicación fluyó en mis palabras, se realizó el milagro y la prosperidad se ha convertido en compañera inseparable de mi vida. Pero antes de continuar, maestro Lidias —dijo Jonás, quitándose la cadena que llevaba en el cuello—, permíteme obsequiarte este amuleto, ya sé de tu modestia, pero esta vez no acepto ninguna negativa —agregó enfático y entregó el presente a Lidias.

—Jonás, querido discípulo, tú sabes que yo no uso joyas...

—No tienes que usarlo, maestro, sólo consérvalo —dijo con firmeza Jonás—, siempre me ha traído suerte, y dado que a ti debo gran parte de mi felicidad, deseo que permanezca en tus manos. Además, tiene su historia: un rico judío de Galilea, piadoso creyente de Yavé, contrató a un carpintero de Nazaret para ampliar su casa. Dándose cuenta de la habilidad de las manos de aquel trabajador, le comentó que tenía una pieza de plata sin trabajar y una esmeralda, y deseaba confeccionar con aquello un símbolo de su encuentro con Dios, ya que por ser de edad avanzada sentía que no estaba lejos el día de su muerte. El carpintero se ofreció a realizar el trabajo y, aunque se trataba de una especialidad diferente a la suya, su destreza manual le permitió crear esta bella pieza de orfebrería. Además, le dijo el anciano que escogió la figura de un pez por tratarse de una criatura que vive en el agua, la sustancia que limpia nuestro cuerpo y que puede también, simbólicamente, limpiar nuestro espíritu para acercarlo a Dios.

—¿Cómo llegó a tus manos? —le preguntó Lidias a Jonás.

—El viejo que mencioné era mi suegro. La joya fue parte del legado de mi esposa Jemina, y ella me la entregó para que yo la usara. Al planear este viaje le dije que te buscaría, maestro, y que deseaba hacerte un presente que reflejara el hondo cariño que siento por ti, como al padre que mi temprana orfandad no me permitió conocer. Convenimos que fuera esta joya porque encierra un alto valor de estima.

—Me conmueve tu cariño —replicó Lidias a Jonás—, guardaré este pez de plata para simbolizar nuestro mutuo aprecio, con la promesa de que lo recibirás de nuevo a mi muerte.

—Maestro —dijo Jonás—, la muerte es para los que entierran sus esperanzas, pero tú eres un venero de vida.

—Los viejos debemos vivir con la ilusión de ser útiles, pero la edad te encorva para que recuerdes que se acerca tu retorno a la tierra.

—Maestro —terció Juan—, dejemos los temas fúnebres; la visita de Jonás es un regalo que te hace la vida; hablemos de la luz y no de las tinieblas, ¿me permites apreciar tu regalo?

Lidias entregó la cadena con el pez a Juan, quien al tocar aquella joya sintió una profunda emoción que lo llenó de júbilo. De pronto, como si el sol penetrara de improviso en la noche, entendió que su misión estaba expresada con claridad en la obra del carpintero: invitar a los hombres a lavar su alejamiento de Dios con el agua, que enjuagaría sus faltas haciéndolos renacer, abriéndoles los oídos a las nuevas palabras del Señor.

—Lamento interrumpir tu lección —dijo Jonás a Juan—, pero tal vez te sea útil si les comento algunas de las experiencias que he vivido, en las cuales lo enseñado por el maestro Lidias resolvió mis problemas.

—Desde luego que me gustaría escucharte —respondió Juan.

—Recientemente, maestro, enfrenté lo que tú denominas un público negativo. Recuerdo que decías que hay diversas clases de resistencia del auditorio hacia el orador, desde la gente distraída, que cuchichea con el vecino de asiento; la que no deja de moverse, se para, se sienta, entra y sale del local; la que hace ruido; y hasta la francamente agresiva, que increpa al orador.

—Cierto, Jonás —agregó Lidias—, a los primeros, los distraídos o ruidosos, se les puede dominar desde la tribuna; con los segundos es poco lo que puede hacerse, pero platícanos tu experiencia.

—Conducía una presentación de jarrones de oriente en Alejandría; el público era numeroso, el lugar estrecho, mal ventilado, sin suficiente iluminación; el embarque llegó tarde y la gente estaba cansada de esperar.

—Antes de que continúes —intervino Lidias—, permíteme aprovechar la situación que citas para hacer ver a Juan la conveniencia de conocer de antemano el lugar en el que hablaremos para asegurarnos de que nuestro auditorio estará cómodo; el orador no puede mantener atento a un público expuesto a temperaturas muy altas o bajas, como tampoco en lugares mal olientes por falta de ventilación. Febo de Macedonia, famoso orador, enviaba a un grupo de sirvientes a revisar el local de su siguiente presentación, con instrucciones de cerciorarse de las condiciones de ventilación del mismo, para cerrar las ventilas en días fríos y dejar un mínimo de infiltración de aire. Cuando los días eran muy calurosos ordenaba colocar paños mojados sobre las ventilas para enfriar el aire. Otros aspectos que los sirvientes cuidaban cuando actuaba de noche, era asegurarse de que hubiera amplia iluminación, de colocar lámparas adicionales con suficiente aceite; decía, y con razón, que un público a media luz es incitado al sueño, y en tales casos el orador debe remar a contracorriente.

—Muy cierto, maestro, recordé tus enseñanzas por mi falta de previsión —añadió Jonás—, pero había que enfrentar la situación como se presentaba. Inicié mi actuación y subí la voz para llamar la atención y provocar el silencio; lo conseguí a medias; vino a mi mente otro de tus consejos: proceder en sentido contrario, bajar la voz para que los interesados en oírme fueran los que promovieran el silencio de los ruidosos, y esto ayudó notablemente. Sin embargo, un grupo reducido de gente continuaba cuchicheando, distrayendo a mi auditorio; puse entonces en práctica una más de tus recomendaciones para el manejo de un público hostil: clavé la mirada en aquel grupo y como seguían hablando detuve mi actuación sin quitarles la vista de encima; dio resultado, unos a otros se codearon y logré la atención generalizada. Reanudé mi actuación, retomé mi mensaje ligeramente atrás de donde estaba al hacer el silencio y señalé: «les estaba diciendo...» como tú me enseñaste, maestro Lidias, para hacer ver que mi interrupción no era un olvido del tema, sino un paro intencional.

—Lo que bien se aprende, y se pone en práctica, no se olvida —agregó Lidias—. Para Juan, añadiría yo, que ante el público distraído cabe también hacer algunos movimientos inesperados que pueden servir para retomar su interés, o intercalar algún comentario que los involucre en el tema. Si estás hablando sobre los peligros que existen en la ciudad y les dices: ¿Quién de ustedes puede asegurar que hoy mismo no será atacado por los delincuentes que merodean en nuestras calles?, podrías lograr que aun el indolente recapacite y considere importante escucharte. A veces lo que el público tiene es cansancio, y en este caso, si logramos hacerlo reír, lo reanimamos. Ten siempre a la mano una anécdota cómica relacionada con tu tema.

—Cuando el público es abiertamente hostil —intervino Juan—, ¿qué debe hacerse?

—Si has utilizado los recursos que Jonás y yo hemos mencionado y el público sigue distraído o ruidoso, tal vez incluso agrediéndote de palabra, estás ante una situación que no merece que sigas tirando tus palabras al aire. En un caso así, lo mejor es darte prisa para terminar, es decir, buscar pronta entrada a tu frase final; pero debes ser tú quien ponga fin al mensaje, no huir de la tribuna, sino terminar con la frase que tienes dispuesta para ello, simplemente recortas la intervención; así, habrás cumplido como orador; el público fue quien no actuó con la educación que debería.

—Recuerdo también tus consejos, querido maestro, para suavizar la situación, cuando se prevé que actuaremos ante un público opuesto a nuestras ideas —añadió Jonás.

—Me gustaría oírlo —dijo Juan.

—Me enseñó el maestro Lidias la conveniencia, en un caso así, de llegar con antelación al lugar del evento y procurar saludar cordialmente a nuestros posibles detractores, hacerles conversación y resaltar nuestro respeto a sus ideas, lo que muy probablemente no haga que cambien de opinión, pero se podrá conseguir, al menos, que nos escuchen sin interpelarnos antes de que terminemos, con lo que habremos logrado nuestro cometido.

—Durante tu actuación —agregó Lidias—, puedes también buscar apoyarte, para desplantar tu tema, en algún aspecto en que haya concordancia con tus opositores. Aun con aquellos que opinan en sentido contrario a nosotros, siempre habrá un tramo de camino que estemos dispuestos a recorrer juntos.

—He convencido a muchos de mis clientes, Juan, al usar otra enseñanza del maestro Lidias, para el caso de tener que hablar ante un grupo que, de antemano sabemos, difiere de nuestras opiniones. Lo llamas, maestro, el camino socrático, porque recuerda a ese padre del pensamiento que fue Sócrates. Consiste en iniciar nuestra actuación poniendo en duda nuestras convicciones, lo que te granjea la simpatía de aquel auditorio, supuestamente hostil, y poco a poco, como queriéndote convencer a ti mismo, presentas los argumentos a favor de tus convicciones, con la ventaja de que ya capturaste el interés del público.

—Puedes, también —intervino Lidias—, iniciar confesando tus diferencias con el público, o con parte de él. De esta manera, es factible obtener respeto y atención en respuesta a tu sinceridad.

—¿El orador no debe pedir al público que guarde compostura, que permanezca en silencio...?

—De ninguna manera —dijo Jonás—, te verías carente de recursos.

—Hablando de problemas que enfrenta el orador —mencionó Lidias— es conveniente, Juan, citar el caso de las lagunas. En medio de un mensaje, de pronto, como si el día se hiciera noche en un instante, tu mente queda en blanco: no recuerdas nada de lo que deberías decir a continuación.

—Eso sí es impactante maestro, ¿existe algún remedio?

—En primer lugar —señaló Lidias—, tienes que confinar el problema a tu persona; el orador debe mostrarse siempre dueño de la situación, de modo que nadie, además de ti, conocerá la dificultad, para lo cual no hay que revelar con gesto alguno el apuro. Haz un silencio, toma aire en forma profunda, recuerda que esto provoca mayor flujo de sangre en la mente y da control sobre las emociones. Si continúa el olvido, simula tos o carraspera lo que incluso justificará el silencio; así ganas tiempo para retomar el hilo de tu presentación. De prolongarse el problema, toma un poco de agua: sigues obteniendo momentos adicionales para recuperar el tema, pero si aun con todo esto no encuentras la secuencia, no te queda más que reiniciar con improvisación, al continuar hablando recuperarás la calma y tal vez llegue el recuerdo de lo que falta por decir, pero si no es de esta manera, y dado que la improvisación debe ser breve, busca acomodar tu frase de terminación con prontitud.

—Te darás cuenta que no he olvidado tus lecciones, maestro —agregó Jonás—, al decirle a Juan que si bien los consejos anteriores son útiles, la causa primaria de las lagunas es la falta de práctica reiterada del mensaje. La probabilidad de enfrentar una laguna desaparece en la medida en que practiquemos, repetidas veces, nuestra alocución.

—El maestro Lidias no se cansa de recordarme la importancia de ensayar el mensaje ampliamente —agregó Juan.

—En mi continuo recorrer el mundo —dijo Jonás— he podido comprobar que las oportunidades de sobresalir por encima del común de los hombres radican más en cómo comunicar lo que sabemos, que en la cantidad de sabiduría acumulada. Unas cuantas lunas atrás, curiosamente, escuché a dos pregoneros que vendían un medicamento similar, con resultados muy diferentes. El primero iniciaba su presentación en voz baja, disculpándose por no ser orador, en posición inestable, las manos parecían estorbarle porque no sabía qué hacer con ellas; anunciaba sin preámbulos su medicamento; se equivocaba al pronunciar algunas palabras y se excusaba en cada caso. Total, sus ventas eran escasas.

—Aprovecho tu ejemplo —intervino Lidias—, para hacer ver a Juan que cuando cometamos un pequeño error en la pronunciación de una palabra, lo mejor es olvidar que sucedió y continuar el mensaje; es probable que algunas personas del auditorio ni siquiera noten la falla, y los que sí la detecten la disculparán como algo que puede sucederle a cualquiera. Pedir perdón, aclarar el error, sólo sirve para hacer oficial nuestra falta, para que todos se enteren que la cometimos.

—¿Cuando la falta es muy notable, maestro...? —preguntó Juan.

—En ese caso sí debe rectificarse, de manera natural, sin disculpas, simplemente se repite la frase con el término correcto, sin mayores explicaciones. Pero dejemos que Jonás continúe su relato...

—El segundo pregonero actuaba distinto al anterior, asumía una posición firme antes de pronunciar palabra, se dejaba ver en la tribuna con un silencio que precedía a sus palabras; iniciaba y hacia imaginar los dolores que su medicina curaba, sin hablar de ella, sino de los beneficios que producía; desde que llegaba a la tribuna mostraba una sonrisa que nunca perdía. En resumen, lograba vender toda su mercancía en una sola presentación.

—La sonrisa: ¡he ahí la cara del amor! —señaló Lidias—. Si algo estamos obligados a realizar al ser llamados a la tribuna es a sonreír, una cara adusta, un gesto de disgusto y habremos perdido la buena voluntad del auditorio.

—Nadie es lo suficientemente rico como para no necesitar nunca de una sonrisa ni nadie es lo suficientemente pobre como para no poder regalar una —añadió Juan.

—Maestro, soy un ingrato —dijo Jonás—, tanto que te quiero y son tan breves y escasas mis visitas. Desgraciadamente debo partir de inmediato, la jornada es larga y la caravana extensa. Siento que en el amuleto que te dejo queda empeñado mi cariño por ti, y que, así como fue talismán de mi buena fortuna, producirá en ti beneficios espirituales, que tal vez se contagien a Juan bar Zacarías.

Lección

Los medios para dominar a un público distraído o ruidoso son: subir o bajar el volumen de voz; mantener inmóvil el contacto visual en las personas que causan el problema, llegando incluso a guardar silencio con la mirada fija en ellos; hacer algún movimiento inesperado; emplear una frase que resalte la importancia del mensaje para los asistentes. Para el público cansado, una anécdota cómica que los haga reír puede ser muy útil. Si a pesar de todo el público no responde: precipitar el final.

Ante una laguna mental: encerrar el problema en nosotros, respirar profundo, simular tos, tomar agua, y si no llega la idea: improvisar, rumbo a nuestro final. Hay que recordar, sin embargo, que las lagunas mentales tienen su origen en la falta de una preparación adecuada del mensaje y el escaso ensayo.

Ejercicio

Imagine que es candidato(a) a un puesto de elección por un partido político y que tiene que presentar un mensaje de cinco minutos, defendiendo una de sus convicciones políticas en un mitin en donde predominan, como público, personas favorables a otros partidos. Prepare el mensaje según las recomendaciones de este capítulo y ensáyelo frente al espejo o videograbando su actuación para autoevaluarse.

CAPÍTULO XIII

El maestro de ceremonias

El aire se paseaba entre las hojas de los árboles, despeinando sus verdosas cabelleras, jugando a mover de lugar la arena. A Lidias le gustaba sentir en el rostro la caricia del viento, decía que tentaba así a la naturaleza dando alas a sus pensamientos. En su mente se agitaban, aquel día, con sabor agridulce, la satisfacción de llegar al final de la enseñanza de un alumno más, y la tristeza de dar por terminada la relación semanal con su pupilo, un hijo en la comunión de mentes.

A pesar de su reciedumbre física, su espíritu batallador perdía fuerza con los años y las despedidas lo herían más profundamente que antes. Además en el caso de Juan bar Zacarías se presentaba la doble sensación de considerar que su labor docente se acercaba a su fin, y, por otro lado, el cariño muy profundo por su alumno. Esta vez estaba convencido de haber sembrado la semilla de su enseñanza en tierra muy fértil. Tenía la certeza de que las palabras de Juan irrumpirían con fuerza titánica para ser grabadas en la memoria de muchas generaciones, y de alguna manera imaginaba que este alumno lo colocaría en el camino rumbo a su propia realización, hacia el encuentro final consigo mismo.

Con aquellos pensamientos vio aparecer en el horizonte la silueta viril, de paso seguro, llena de vitalidad, de Juan bar Zacarías, quien llegaba a recibir la última lección de su enseñanza. Así como la figura crecía al acercarse, Lidias supo que aquel hombre se agigantaría, esparciendo con su voz un mensaje renovador.

Siempre alegre, Juan saludó a su maestro en forma desusual: con un beso en la mejilla; él también sentía la tristeza de terminar su enseñanza y encontraba en Lidias la imagen del padre perdido.

Se abrazaron sin decirse nada, en la comunión de sentimientos que no requiere palabras.

Con su recto sentido de preceptor, Lidias dio paso a la enseñanza y dejó, por lo pronto, que la razón dominara al sentimiento.

—El último paso de la escalera que hemos subido juntos, Juan, es muy importante porque representa una situación que sale a nuestro encuentro con frecuencia, y que, en muchos casos, es tristemente manejada.

—¿De qué se trata?

—Del maestro de ceremonias.

—¿La persona que conduce un evento?

—Justamente. Un personaje que tiene la curiosa función de lucir y hacer brillar a otros, y que generalmente desluce, olvidándose de los demás, pretendiendo dominar la escena.

—La vanidad humana, maestro, causa más descalabros que todas las guerras juntas.

—Ciertamente, Juan, pero en el caso de nuestro personaje, el deseo natural de lucir puede alcanzarse como fruto final del evento, para lo cual hay que preocuparse primero por el éxito de todos los participantes y por una sucesión agradable de etapas del programa.

—¿Qué características debe tener el maestro de ceremonias?

—En primer lugar, debe tener categoría oratoria, es decir, conocer la técnica y saberla usar; debe dominar el lenguaje con amplitud, variedad y buena pronunciación; tiene que ser versátil, ya que realizará varias presentaciones y cada una debe ser distinta; finalmente, necesita contar con simpatía, que aunque todos tenemos en mayor o menor medida, en el caso de ser maestro de ceremonias se debe hacer uso de toda la capacidad para agradar al auditorio.

—Se requieren muchos atributos...

—Sí, sin embargo, están a la mano de quien desee adquirirlos.

—Platícame, maestro, del trabajo que debe realizar un conductor de eventos.

—Las funciones del maestro de ceremonias se inician mucho tiempo antes de la fecha en que tendrá lugar el acontecimiento, lo que nos lleva a sugerirte no aceptar, a última hora, la conducción de un evento, ya que asumes la responsabilidad del mismo sin haber participado en su adecuada planeación.

—¿Cómo se inicia el trabajo?

—Una vez que te has entrevistado con quien organiza el evento y aceptas las consecuencias y el mando del puesto de conductor estableciendo un proyecto de programa, debes localizar a todos los oradores que van a participar en la ceremonia, conocer y saber pronunciar adecuadamente el nombre de cada uno; recabar de ellos un currículum breve, en el que se enfatice la experiencia y conocimientos alrededor del tema que desarrollarán. De ser posible, una entrevista de un tercio de hora con cada uno nos proporciona conocimientos suficientes para realizar una presentación a tono con la personalidad del orador.

—¿Cuál es el siguiente paso?

—Conocer con anticipación el lugar del evento para diseñar cómo disponerlo todo de manera que se logre el mejor desenvolvimiento del programa: determinar la colocación más adecuada para la tribuna, la mesa de honor, el público, los carteles alusivos y cualquier otro adorno.

—Las flores siempre dan un marco de belleza, maestro.

—Úsalas cuantas veces sea posible. Si el evento incluye alimentos, se debe intervenir en la adecuada colocación de las mesas, buscando que todos puedan tener buena visibilidad hacia la tribuna y la mesa de honor.

—Me imagino que también habrá que revisar las condiciones de iluminación y ventilación del local.

—Desde luego, Juan, el maestro de ceremonias debe cuidar todos los aspectos que influyen en el buen desarrollo del evento. Ten siempre una copa de agua a la mano del orador y, en la entrevista que mantuviste con él, averigua qué otros elementos necesita para su presentación, con el fin de que estén listos y probados con anticipación.

—¿Quiénes deben colocarse en la mesa de honor?

—Eso lo determinarán los organizadores del evento. Como maestro de ceremonias, tu función será contar con los asientos solicitados, disponer los lugares según la jerarquía que te marquen, recuerda que el asiento central de la mesa es el sitio honorífico por excelencia; de ahí parten, primero uno a la derecha y luego otro a la izquierda, los lugares en decrecimiento de importancia. Es útil contar con carteles de mesa que indiquen el lugar de cada quien, y será indispensable conocer, con precisión, el nombre de cada una de las personas del presídium, así como su puesto.

—Maestro, si además de los integrantes de la mesa de honor hubiera algunos invitados distinguidos...

—Debes apartar los lugares apropiados para sentarlos, generalmente, en posición preferente, por lo que necesitas saber quiénes y cuántos son. También aquí es conveniente contar con carteles alusivos para reservar los asientos.

—¿Cuál es la siguiente tarea?

—Preparar un programa detallado del evento, tanto de la parte formal como de la informal, asignando tiempo a cada etapa, ya que se deberá manejar la reunión con agilidad, apegada al reloj de arena.

—¿Alguna otra previsión?

—Si se juzga necesario, puede organizarse un comité de recepción, que se ubicará a la entrada del local para conducir a quienes presiden el evento, y a los invitados especiales, a sus lugares.

—El día del evento, ¿cómo debe conducirse el maestro de ceremonias?

—En primer término llegar al lugar con bastante anticipación para cerciorarse de que se hayan seguido sus disposiciones previas y poder corregir cualquier anomalía. Será fundamental para el éxito del evento la determinación del momento en que debe iniciarse la parte formal. En ocasiones, la impuntualidad de algunas personas provoca retardos; si el ausente es el personaje principal, tal vez el homenajeado, habrá que posponer el inicio para esperarlo; si es un integrante de la mesa de honor o un invitado especial, puede esperarse su llegada por un tiempo breve, pero iniciar sin él cuando el retraso se prolonga. En general, empezar a la hora anunciada es lo más correcto, en respeto a los que cumplieron con puntualidad. Cuando se sirven alimentos es conveniente calcular el tiempo en que actuarán los oradores, buscando que haya terminado la comida y los sirvientes no interrumpan con su deambular.

—Si se retrasa mucho el inicio, puede suceder, maestro, que algunas personas abandonen el lugar antes de la terminación del evento.

—Así es, Juan, de ahí el cuidado que debe tener el maestro de ceremonias para evitar un retraso prolongado en el programa.

—Cuando se decide dar inicio al programa, ¿cómo se procede?

—El maestro de ceremonias debe pasar a la tribuna, dejarse ver en ella sin pronunciar palabra, hasta que se haga el silencio. Iniciar, con efusividad, con un saludo generalizado a los presentes, para proseguir con unas palabras de introducción al evento, muy breves, en que se comunica la razón que los reúne. A continuación hará la presentación de los integrantes de la mesa de honor, en orden jerárquico, con nombre completo y puesto de cada persona, permitiendo, o incluso provocando los aplausos individuales. Cuando entre el auditorio haya unos cuantos invitados especiales o destacados, puede también hacer mención de ellos. Si son muchos los invitados prominentes, se hace un solo saludo.

—¿Cómo se debe presentar a los oradores?

—Cuando es un solo orador, generalmente se le presenta mediante la lectura de un currículum, que debe ser breve; si son varios los oradores la presentación de cada uno se abrevia. Para este último caso es conveniente contar con una tablilla por orador con tres datos, en este orden: el tema que tratará; la presentación que se hará de él, recalcando algunas de sus cualidades, conocimientos, habilidades o aspectos de su personalidad, siempre de índole positivo; finalmente tendremos el nombre completo de la persona. Es muy importante que el nombre del orador sea lo último que se anuncie porque es lo que arranca el aplauso; es común, en personas no capacitadas como maestro de ceremonias, dar el nombre del orador y después agregar algún dato adicional, pero esto último se pierde en el ruido del aplauso.

—Maestro, ¿debe anunciarse el tema del orador?

—Generalmente no, ya que, como lo citamos en su momento, el orador puede querer provocar la curiosidad del auditorio al esconder inicialmente su tema; si el maestro de ceremonias lo anuncia, estropea su inicio. Sólo cuando el orador lo solicite específicamente, aconsejaría que se anuncie. La razón de anotar en la tablilla el tema es como referencia: sería una mala introducción presentar en forma graciosa a un orador que tratará un tema fúnebre o muy serio.

—Mencionaste, inicialmente, que el maestro de ceremonias se luce sin buscar sobresalir, ¿cómo se da esto?

—Quien conduce un programa debe ser, ante todo, discreto y breve en todas sus intervenciones, su papel es hacer lucir a los oradores, darle dinámica a todos los actos, pero no querer vender su figura en cada aparición, ya que terminaría haciéndose chocante al auditorio. Una actitud personal modesta, sincera, amable, logrará el reconocimiento del público, quien verá en él a la persona que armó el rompecabezas del evento con precisión y belleza, y se le calificará positivamente por el resultado final. Otro cuidado que debe tener es no alabar nunca al expositor como orador, porque lo compromete con el público. Cuando nos hablan demasiado bien de una persona nos volvemos, muy exigentes con ella.

—¿Algo más? Preguntó Juan.

—El maestro de ceremonias debe abandonar la tribuna hasta que llegue a ella el orador y ocuparla en cuanto el expositor se retire, para no dejar nunca un vacío frente al público. Además, como hemos aprendido, el orador no debe dar las gracias al término de su actuación, pero, en cambio, al maestro de ceremonias sí le corresponde agradecer a cada orador su participación al término del mensaje presentado, alabando la enseñanza recibida, lo grato de la exposición, sin juzgar el tema ni añadir comentarios al mismo.

—¿Cómo se cierra el evento?

—De igual manera que como se inició, con unas breves palabras del maestro de ceremonias que agradece la presencia de las personas sobresalientes y del público, recalcando lo valioso del evento.

—¿Termina así la actuación del maestro de ceremonias?

—No sólo eso, Juan, termina también mi enseñanza.

Un silencio pesado cayó sobre maestro y alumno. Habían recorrido juntos un trecho del camino de sus vidas y llegaban al punto donde los senderos se bifurcaban; cada quien debía seguir una ruta independiente. Quedaba el placer de haber terminado con éxito la jornada, pero les dolía deshacer el nudo de la convivencia periódica. Estaban acostumbrados al diálogo que va más allá de una cátedra para abarcar un cariño nacido del mutuo respeto, de la comunión de dos mentes despiertas.

—Hay en ti, querido Juan —dijo Lidias—, una flama interna que ahora podrá vertirse como volcán en erupción. Sé de tu anhelo de predicar un camino nuevo para salir al encuentro de Dios, y ahora dispones de los medios para hacerlo, pero esto, lejos de ser una canonjía, representa un enorme compromiso. Debes empezar por exigirte a ti mismo: examinar en profundidad tus convicciones antes de transmitirlas. Has aprendido que comunicar no es soltar palabras al aire, sino saber decir lo que sabemos, convencer de lo que estamos convencidos, disparando nuestras palabras como saetas al corazón, para que de ahí sean elevadas a la mente de quien nos escucha.

—Nunca he tomado con frivolidad tus enseñanzas, maestro Lidias, estoy consciente de que el hombre que adquiere estos conocimientos adelanta a los demás, porque aunque su sapiencia fuera escasa, resaltará frente al sabio que no conoce los medios de transmitir su saber. La fuerza de la palabra escribe la historia, cambia el destino de los hombres y sus pueblos, y, sin embargo, su estudio está pobremente diseminado, de ahí que los afortunados, como yo, que hemos podido beber en tu fuente, tenemos la obligación de hacer buen uso de lo adquirido, y en mi caso, qué mejor senda que la invitación a mis hermanos, a mi pueblo, para que vuelvan los ojos al Señor nuestro Dios, pero no a través de ritos desgastados, de manifestaciones exteriores de religiosidad, sino por medio de la conversión del espíritu, iniciando una reconstrucción de nosotros mismos orientada a Yavé.

—Tu meta es ambiciosa, Juan, y me felicito de haber participado en la orientación de tus capacidades, pero te repito que sólo podemos entregar lo que hay dentro de nosotros, de modo que enriquece primero tu corazón y tu mente con ideas claras y precisas.

—Maestro Lidias, has sido como un padre para mí, te estoy tan agradecido que no encuentro ni los medios ni las palabras para expresar en plenitud mi agradecimiento.

—Juan, ¿qué mayor premio imaginas que puede existir para un maestro que ver el crecimiento espiritual de su alumno? El rosal agradece a su sembrador con sus rosas. Ve a cumplir tu misión en la vida, florece sirviendo a los demás, ama sin reservas a tus semejantes y estaré siempre recompensado al saber que mis enseñanzas hicieron nido en tu interior. Maestro y alumno se abrazaron, sus ojos se humedecieron. Sabían que la separación era física, porque en su corazón mantendrían el recuerdo mutuo para siempre.

Lección

El maestro de ceremonias, conductor de un evento formal, debe conocer y aplicar bien las técnicas para hablar en público, además de ser versátil para diferenciar sus presentaciones.

Necesita participar a todo lo largo de la organización del evento y conocer, con suficiente anticipación, el lugar donde se realizará para pactar los servicios requeridos y la ambientación.

Debe iniciar el evento con breves palabras, presentar al presídium y a cada uno de los expositores actuando siempre con brevedad y discreción. Nunca exaltar las cualidades de una persona como orador para no comprometerlo.

Cuidar el apego al programa previamente preparado y cerrar con palabras breves de agradecimiento.

Ejercicio

En algún próximo evento formal, familiar o de trabajo, ofrecerse para actuar como maestro de ceremonias y seguir las recomendaciones de este capítulo.

CAPÍTULO XIV

La senda luminosa

Juan emprendió el viaje. Había decidido salir al encuentro de sí mismo caminando por las tierras de Judá, perdiéndose en los montes desolados, en los caminos terregosos, en las arenas del desierto.

Quería meditar, encontrar sus propias respuestas antes de cuestionar a los demás, necesitaba la soledad para acompañarse únicamente de sus pensamientos, para hablar sólo de él, con él.

Sabía que por este medio, tarde o temprano, Dios terciaría en el diálogo ayudándolo a centrarse en su misión.

A pesar de su deseo de caminar sin rumbo fijo, como barco llevado por el viento, sus pasos lo encaminaron a Galilea. Una idea que no daba explicaciones le decía que acudiera con sus parientes, como si de alguno de ellos fuera a recibir la palabra que resolvería el enigma de su existencia.

Fueron sólo ocho días los que vivió al lado de su tía y su primo, pero fue suficiente para transformarse, para encontrar la ruta a seguir. Ya no tenía dudas, su misión le quedó al descubierto: abrir el surco, preparar la tierra para que la semilla de la palabra del Señor pudiera ser depositada y germinara.

Confirmó su deseo de proponer un camino de enmienda, de reconciliación, y darle un signo externo para que la gente visualizara el cambio. No olvidaba el mensaje del pez de plata de Lidias y decidió usar las aguas del Jordán, arteria de vida en medio del desierto, para sumergir a los conversos en un baño de purificación espiritual.

De regreso a Jerusalén, pasó el sábado por Amara; en la ribera del Jordán encontró a un grupo numeroso de personas en el patio exterior del templo. Decidió iniciar su ministerio: desde las escalinatas del templo, y con voz potente, se dirigió a los ahí reunidos, diciéndoles:

—Hermanos en la fe al Señor: ha llegado el momento del cambio. Yavé, nuestro Dios, hará oír su voz, pero sólo penetrará en los oídos de aquellos que han renovado su fe en la vida.

»Estallará en breve, atronador, el mensaje directo de nuestro Dios, y su fuerza irrumpirá a través de los siglos, volando hasta los confines de la tierra.

»Es por lo tanto ahora, hoy, la hora del perdón, el momento para deshacernos del pesado fardo que llevamos en los hombros, cargado del remordimiento de nuestras culpas. La misericordia del Señor nos libera de esta carga si en nuestro corazón brota el arrepentimiento.

»¡Qué mayor don se nos puede conceder que la paz con nosotros mismos! Con qué esmero edificamos nuestra casa: apisonamos la tierra, afianzamos los cimientos, cuidamos la vertical de los muros, escogemos con cuidado las vigas del techo y compramos el mobiliario para engalanarla. ¿Pero, cuánto de esto hacemos por la casa viviente en que habitamos? Con cuánta frecuencia nos olvidamos que hemos sido creados a imagen y semejanza de Dios, y nuestros anhelos materiales, nuestras pasiones malsanas, se convierten en nuestros amos haciéndonos olvidar que en nosotros palpita el espíritu del Señor, que somos su obra maestra, que nuestra misión trasciende el tiempo, que somos semilla del reino de Dios puesta a germinar en la tierra. ¿Qué es lo que el Señor Dios quiere de nosotros? ¿Qué desean ustedes para sus hijos, sino la felicidad? Si con nuestras limitaciones, con nuestro criterio atado al piso, somos capaces de sentir por nuestros hijos un amor que supera nuestro natural egoísmo, imaginemos cuánto, y de qué calidad, es el amor que nos tiene Yavé.

»Sus palabras han sido manipuladas porque se nos ha enseñado el temor a Dios, antes que la entrega amorosa a nuestro Creador. Hemos encarcelado en ritos las vías de comunicación con nuestro Padre, y vivimos a oscuras en el camino luminoso del amor a Dios.

»El remedio está a nuestro alcance: necesitamos desanudar la venda que nos cubre la vista, reconocer nuestra falta de amor, asumiendo el compromiso al cambio. De ahora en adelante debemos valorar, juzgar, interpretar todo lo que pensamos, decimos o hacemos a través del filtro del amor.

»Quien considere que no es necesario el cambio, que me responda. ¿Cómo es posible que exista la profesión de soldado; que las naciones designen presupuesto a mantener un ejército? Esto nos cataloga como bárbaros porque al entrenar y armar a los hombres para matar, hacemos del odio un sistema de vida.

»Vana es la excusa de que los ejércitos se crean como prevención, éstos son jugosos negocios de quien produce e innova medios para la destrucción de los seres humanos, son elementos de provocación, exponen la desconfianza del hombre ante el hombre.

»Cuánto cambiaría la faz de la tierra si todos estos esfuerzos de muerte se trocaran en actos de amor, de confianza, de fe entre nosotros.

»A esto os invito, a deponer las armas materiales y mentales que nos convierten en agresores, aunque sólo sea en potencia, y en su lugar imbuirnos del amor que es confianza, credibilidad, acercamiento.

»La mano franca, la sonrisa sincera, el pensamiento confiado, deben acudir a nuestro cotidiano encuentro con los demás. Porque eres un ser humano confío en ti y te amo, sin juzgarte con reservas, sin buscar ventajas o provecho.

»Dios, como padre universal, nos ha convertido en hermanos; diferentes físicamente para mostrar que somos únicos, creados individualmente, amados en forma particular al darnos la vida, pero a fin de cuentas, miembros de una misma familia: la raza humana.

»Vivir amorosamente, agradecidos al Señor por el don de la vida, a través del amor a nuestros hermanos los hombres, y a la naturaleza que nos dio como hábitat, es camino de felicidad que nos conduce a cerrar con armonía el círculo de la vida, en el reencuentro con nuestro Padre y Creador.

»Vivir es un constante escoger entre amar y dejar de hacerlo, en cada pensamiento, en cada acto, tenemos sólo esas dos opciones. Dios nos deja en libertad para que sea nuestra la decisión, pero nos aconseja la senda del amor y nos provee del remordimiento como alerta cuando equivocamos el camino. Al lado del amor se alinea la risa, la paz, la tranquilidad de conciencia; la negación del amor lleva consigo la guerra, la envidia, la ira, todos ellos venenos del cuerpo y del espíritu.

»A la vera del poblado se desliza el Jordán. Os ruego que nos acerquemos a sus aguas, entremos a ellas y, en baño de purificación, descarguemos en su corriente nuestro único pecado, la falta de amor al Señor y a nuestro prójimo, haciéndonos la promesa de luchar contra nosotros para no abandonar la senda del amor, para que de esta manera nos renovemos y se abra nuestro entendimiento para escuchar con el corazón las palabras que el Señor Dios nos envía: el anuncio de su buena nueva.

»Seamos hombres nuevos, resucitados del pecado, reincorporados en vida al reino de Dios.

Juan se encaminó al río y fue seguido por multitud de hombres y mujeres que le habían escuchado.

Varias fueron sus prédicas en los poblados que bordeaban el Jordán. En todas ellas, los resultados sobrepasaban sus ilusiones, la gente le escuchaba con atención, aceptaba el compromiso que Juan les planteaba. La combinación de su fuerza interna, del mensaje salido de un espíritu renovado, con el conocimiento del arte de dirigir la palabra en público, provocaban resultados en extremo positivos.

Sin embargo decidió abandonar unos días aquel quehacer, tenía una misión primordial que cumplir, de modo que encaminó sus pasos a la casa de su maestro Lidias.

El sol se había hundido en el horizonte, pero su luz seguía sobre la tierra decorando las nubes de rosa y anaranjado. La luna, acompañada de un séquito de estrellas, aparecía sobre el firmamento para contemplar tan apasionante espectáculo. Los ojos de Lidias se humedecían de júbilo con cada atardecer, sentía que la divinidad brindaba en aquellos postreros momentos del día una muestra del amor que es capaz de regalar a los hombres. La presencia de Juan iluminó todavía más el espíritu del viejo maestro. Abrazó a su discípulo más querido y al contemplar de cerca su mirada le dijo:

—El brillo de tus ojos, Juan, me dice que eres un hombre que se ha encontrado a sí mismo, que tu visión se deleita tanto con los ojos abiertos como con los párpados cerrados.

—Encontré mi camino, maestro, y es una senda luminosa que conjuga mis deseos con mis habilidades, mucho de lo cual te debo a ti, ya que encauzaste mis anhelos dispersos en una posibilidad real para comunicarme con los demás.

—Pero eres tú, querido discípulo, quien ha encendido la flama de tu espíritu.

—A dos personas debo esto, y deseo, más que cualquier otra cosa, unirlos. Tú eres uno de ellos y el otro es mi primo, que vive en Galilea.

Juan narró a Lidias su estancia en Galilea y la transformación interna que sufrió.

—En mi primo, maestro, está inmersa la voz de Dios, y tu enseñanza puede darle alas a sus palabras para que remonten el vuelo y se esparza una buena nueva que transformará la faz de la tierra. Tú mismo, maestro Lidias, recibirás a cambio la respuesta que anhelas, el encuentro de la razón y el alma como fuente de vida eterna, y serás llamado El Maestro de la Palabra.

—No puedo negarme a un ruego tan vehemente como el que me haces, querido Juan. Recibiré a tu primo para transmitirle mis conocimientos en el uso de la palabra y ojalá la divinidad te escuche y encuentre en él la senda que tanto he buscado.

—Gracias, maestro, vivirás en plenitud.

—Por cierto, ¿cómo se llama tu primo?

—Jesús, maestro, Jesús de Nazaret.

CAPÍTULO XV

Los tiempos cambian

Sofía cerraba el presente libro, una vez más había repasado los consejos del *rhetor* Lidias que hicieron de Juan el Bautista un orador cumbre, y dejaba pasear su mirada sobre la ciudad. Desde su oficina en el piso treinta y ocho veía empequeñecido el raudo movimiento de personas y vehículos bajo sus pies.

Disfrutaba de la vista y de su posición como presidenta de un importante grupo financiero internacional, recordando que el ascenso al piso treinta y ocho no había sido fácil: se requirió trabajo, dedicación, esfuerzo, perseverancia; pero reconocía que la piedra angular que la elevó a su actual posición estaba contenida en el libro que acababa de cerrar. Había aprendido que el líder debe ser una persona cuya principal habilidad sea la comunicación, porque sólo a través de la palabra oportuna, convincente, se logra formar equipo de trabajo alrededor de nuestras ideas.

Sofía descubrió, en los inicios de su carrera, la importancia de la comunicación ante grupos como medio idóneo para progresar; aprendió que no siempre las personas más sabias son las de éxito, sino aquellas que incluso sabiendo poco logran comunicarlo adecuadamente a los demás, y hablar en público es un medio fácil de aprovechar porque la mayoría le teme a difundir así sus ideas; los que se han preparado conocen las técnicas explicadas por Lidias y están alerta, se adelantan, se adueñan de la palabra cuando los demás buscan en el piso lo que supuestamente se les cayó, antes de aceptar la solicitud de hablarle a un grupo.

Pero de Lidias había aprendido no sólo las técnicas para hablar en público, sino la necesidad de compartir, de pasar por la tierra sembrando para que las nuevas generaciones reciban la cosecha, ya que todos recogemos el provecho del esfuerzo de los que nos han antecedido y justificamos nuestro paso por la vida si somos capaces de servir con amor y eficiencia a nuestros congéneres, y de legar la suma de nuestros conocimientos y experiencias para elevar a un escalón superior a las generaciones que nos sucedan.

Estas meditaciones venían a la mente de Sofía porque estaba esperando a Alan, uno de sus asistentes más destacados, que le había pedido que lo guiara para mejorar sus presentaciones.

La secretaria le anunció la presencia de Alan y pronto estuvo frente a ella.

—Gracias, Sofía, por recibirme.

—Es un gusto, Alan, y en especial por tus comentarios sobre tu interés en mejorar tus presentaciones al hablar en público. Estoy convencida de que todo ejecutivo debe conocer y usar con eficiencia las técnicas para expresarse ante grupos.

—Coincido contigo, Sofía, y por ello he estudiado con detenimiento todos los consejos del *rhetor* Lidias, del libro que me diste, y los he puesto en práctica, pero la tecnología actual nos enfrenta con nuevos medios de comunicación y es aquí donde te pido que me ayudes. En especial hoy en día, en muchos casos sea o no necesario, te colocan un micrófono enfrente, y lejos de sentir un apoyo mi nerviosismo crece y no lo sé utilizar adecuadamente.

—Déjame confesarte que a mí me sucedió lo mismo; el micrófono no sólo me incomodaba, me aterrorizaba, pero me di cuenta de que si los temores los ubicamos como retos, los derrotamos. Por ello me asesoré de técnicos en sonido, leí y descubrí los caminos que me permitieron convertir al micrófono en un aliado provechoso.

—Viviré agradecido contigo si me compartes tus experiencias.

—Alan, compartir es darle valor a nuestra vida; yo soy la ganadora en este intercambio. Y entrando en materia, es cierto lo que mencionas. Hay ocasiones en que lo reducido del público o el local hacen innecesario el uso del micrófono, pero si quienes te anteceden en el uso de la palabra lo han empleado, puede parecer presuntuosa tu actitud de mencionar que no usarás el equipo de sonido por no necesitarlo; te estás saliendo del protocolo del evento y tu presentación puede iniciarse con una mala primera impresión.

—Por lo tanto, si se está usando el micrófono, lo mejor es emplearlo...

—Así es, Alan, y para su buen uso el primer consejo es que siempre le hables al micrófono, o sea, que en todo momento se dé una línea recta entre tu boca, el frente del micrófono y adonde estás dirigiendo tu mirada, que es hacia donde estás enviando tu voz. No es raro contar con público lateral; a veces son los integrantes de la mesa de honor, y es frecuente que el expositor se olvide del micrófono, se voltee a saludarlos o a dirigirse a ellos, dejando salir su voz fuera del área de captación del micrófono; resultado: ni los integrantes de esos grupos laterales ni los demás del auditorio oyen lo que se dijo.

—Te estás refiriendo a los micrófonos fijos, porque si cuentas con los equipos adosados a la ropa con un broche, como los que se emplean normalmente en los programas de televisión, no hay necesidad de dirigirse al micrófono.

—Exactamente, Alan, los micrófonos de broche son los mejores, pero no siempre se dispone de ellos, por lo que no es raro tener que utilizar el micrófono con poste al piso o los que van incorporados a un atril o pódium.

—¿El tipo de micrófono fijo también influye, no es así?

—Desde luego, los micrófonos varían en su manera de captar los sonidos y por ello me voy a referir a los que requieren mayor cuidado de parte del orador: los unidireccionales, que al evitar que se introduzcan sonidos circundantes sólo captan lo que se descarga directamente en ellos.

—Tengo entendido que son los que se usan con frecuencia para conferencias, Sofía.

—Así es, Alan. Por otro lado, un cuidado elemental cuando estimamos que se empleará el micrófono es llegar al evento con suficiente anticipación para probarlo. Es usual que el equipo de sonido esté operado por un técnico, al que podemos pedirle que nos permita hacer una práctica, e incluso que nos aconseje sobre su mejor aprovechamiento y haga los ajustes de tono favorables para la mejor amplificación de nuestra voz.

—¿En qué debemos poner atención?

—Empezar por conocer cómo se gradúa la altura del micrófono; los soportes tubulares al piso llevan una tuerca a media altura que debe aflojarse para permitir deslizar un tubo dentro del otro y ajustar la elevación, apretando después para mantener firme la posición del micrófono. Es conveniente practicar esta operación; he visto a muchos oradores sufriendo con esta tuerca, porque cuando quieren aflojarla, lo que hacen es apretarla.

—Es cierto, a veces alguien del auditorio tiene que auxiliar al expositor en esta tarea y se hace evidente su inexperiencia.

—Además los micrófonos suelen llevar un interruptor interconstruido: es necesario localizarlo y saberlo operar. Usualmente cuando el interruptor se encuentra en el cuerpo del micrófono se apaga alejando la palanca de nosotros y se enciende corriéndola hacia uno. En los micrófonos inalámbricos suele ir ubicado en la parte posterior y cuenta con una luz indicadora de operación.

—Hablando del cable, hace poco vi a un expositor que al subir a la tribuna casi se tropieza con un rollo de cable del micrófono tirado en el piso: ensimismado en sus pensamientos y nervioso por su actuación, no se fijó dónde pisaba. Pienso que debe uno llegar y retirarse del micrófono por el lado contrario de donde corre el cable.

—Buena observación, Alan, el éxito se construye cuidando los detalles. Por ello también cerciórate de que el micrófono tenga un soporte rígido, sin movimientos.

—Al llegar a la tribuna, Sofía, ¿qué debo hacer en primer lugar?

—Graduar la altura para que el frente del micrófono esté justo ante tu boca. Durante esta operación, es conveniente apagar el micrófono para no transmitir sonidos extraños. Toma el tiempo necesario: si al primer intento no quedó la altura bien ajustada, haz la corrección. Es frecuente sentir que debemos iniciar el mensaje cuanto antes, y si el micrófono no quedó a buena altura preferimos mantenernos agachados o parados en las puntas de los pies, acomodando el cuerpo al micrófono en vez de ajustar la altura del equipo, como es apropiado.

—El tiempo inicial del orador, como decía Lidias.

—Cierto, Alan, la prisa por iniciar es muestra de inexperiencia. Cuando el micrófono ha quedado a la altura correcta, lo encendemos y estamos listos para usarlo. Como lo hemos probado previamente, no será necesario empezar por soplar frente al micrófono o darle algunos golpecitos para verificar que está encendido o, todavía peor, decir: «Uno, dos, tres, probando, ¿se escucha bien por allá atrás?» Todo esto nos hace ver pobres en recursos.

—Como dice el refrán: «Lo que bien empieza, bien acaba». Y dime, Sofía, ¿cuánto debe uno separarse del micrófono?

—Factor fundamental para el buen aprovechamiento del micrófono es la distancia a la que nos colocamos de él. Cada micrófono, según su sensibilidad, el equipo de sonido que lo acompaña, la graduación de volumen, y considerando también nuestro volumen natural de voz, tiene una distancia óptima de separación de nuestra boca. Haciendo una prueba con anticipación podemos descubrir esta distancia. Si no hubo la oportunidad de hacer la prueba, debemos fijarnos en la distancia a la que se colocan las personas que nos anteceden en el uso de la palabra y, de acuerdo con nuestro volumen de voz, calcular la separación apropiada. Si tampoco esto es posible porque somos los primeros en usar el micrófono, un medio para encontrar la distancia adecuada es empezar hablando muy cerca del micrófono, y nos vamos retirando, poco a poco, hasta el punto donde escuchamos que se da una reducción notable en la intensidad con que estamos siendo escuchados, pero donde seguimos oyendo nuestra voz a través de las bocinas del equipo de sonido: en ese momento nos encontramos a la distancia apropiada.

—Supongo que una vez determinada la distancia ideal, debemos mantenerla constante.

—Desde luego, Alan, es muy molesto cuando el orador se acerca y aleja del micrófono, produciendo continuas variaciones de volumen. Para esto la posición firme, de la que nos habla Lidias, es indispensable, ya que si empujamos las rodillas para atrás quedamos anclados a una distancia fija del micrófono.

—¿Qué se hace con los brazos?

—Emplear nuestros ademanes con naturalidad, con el cuidado lógico de no golpear el micrófono, evitando la tentación de tomar el poste con las manos como si nos lo quisieran robar. En ocasiones, el micrófono viene adherido a un pódium, y es frecuente que el orador se aferre con ambas manos al pódium y le deje clavadas las uñas. No lo hagamos; recordemos dejar los brazos caídos a los lados del cuerpo y que de ahí salgan con amplitud los ademanes. Cuando se tenga un atril, se pueden descansar libremente las manos sobre él y usarlas con ademanes apropiados.

—¿Y en cuanto al manejo de la voz?

—Dado que tenemos frente a nosotros un amplificador de sonido, debemos modular nuestra voz cuidando no elevar mucho el volumen, ya que sería molesto para el público. Justamente una de las grandes ventajas del micrófono es la facilidad de jugar con la voz suavemente, sin mayor esfuerzo, y ser escuchados con claridad. Debemos, por lo tanto, modular la voz, pero con la intensidad con que lo haríamos si nuestro interlocutor estuviera a un metro de distancia, como en una conversación cotidiana.

—Pienso que el micrófono requiere un cuidado adicional con las muletillas y los ruidos, ya que su poder amplificador hace audibles todos los sonidos emitidos frente a él. Algunas muletillas que se dicen en voz baja, y que pueden pasar desapercibidas sin micrófono, ahora quedan expuestas ante la audiencia.

—Cierto, Alan, y además, como en las grabaciones, oiremos nuestra voz con tono distinto al que estamos acostumbrados, y que generalmente no nos agrada; hasta nos incomoda. Esto es natural, ya que nosotros nos oímos con la resonancia que las palabras tienen en nuestro cuerpo, lo que produce una voz diferente a la que oyen los demás. Estando conscientes de esta situación, debemos evitar sentirnos incómodos por cómo nos escuchamos a través de las bocinas.

—Sofía, en ocasiones el sonido empieza a fallar: ¿qué debemos hacer?

—El equipo de sonido es un sistema electromecánico y como tal está sujeto a fallas. Si escuchamos sonidos agudos, molestos o distorsionados a través de las bocinas, debemos alejarnos del micrófono y esperar en silencio a que el técnico haga las correcciones necesarias en el control. Si no se cuenta con el técnico, es conveniente que antes de nuestra actuación solicitemos a alguna persona del auditorio que nos auxilie situándose cerca de los controles del sistema de sonido, para que si se presenta un problema lo corrija, ya que no es el papel del expositor abandonar la tribuna, salir corriendo a efectuar ajustes en el sonido y regresar de nuevo a probar.

—¿Y si no se puede corregir?

—Si transcurrido un tiempo razonable el problema con el sonido subsiste, no quedará más remedio que apagar el micrófono, hacerlo a un lado, y continuar sin él. Si calculamos que por más que elevamos nuestra voz parte del público no podrá oírnos, debemos abreviar, en atención a este sector alejado del auditorio.

—¿Qué procede si nos entregan el micrófono sin soporte?

—En este caso, el brazo con el que detenemos el micrófono, ahora sí, debemos afianzarlo en posición de medio ademán, con el codo pegado al cuerpo, con objeto de mantener firme el micrófono y a una distancia constante de nuestra boca. Si dejamos suelto este brazo, puede involucrarse en ademanes, lo que provocaría constantes variaciones de distancia a nuestra boca. Como en el caso de los papeles, en el mensaje escrito del que nos habla Lidias, es conveniente, de tiempo en tiempo, cambiar el micrófono de mano para alternar los ademanes usando el brazo que nos queda libre.

—Con todo esto, «no parece tan fiero el león como lo pintan».

—En efecto, Alan, cuidando unos cuantos factores, el micrófono es un recurso de gran utilidad para hacernos escuchar con facilidad ante públicos muy numerosos, en salones con mala acústica o simplemente cuando el protocolo del evento requiera su uso.

—Hay otro aspecto, Sofía, relacionado también con la tecnología actual, que necesito mejorar en mis presentaciones en público: el uso de auxiliares visuales.

—Si nos damos cuenta de que vivimos en una cultura cada vez más influida por informaciones visuales, ya que somos cinéfilos, televidentes, filocomputarizados, veremos que la presentación de imágenes es un complemento apropiado. Además, entre más sentidos son incorporados al proceso de comunicación mayor retención tendremos de las ideas presentadas; agrega a esto que la vista es el sentido más ágil de que disponemos para la captación del mundo exterior y te darás cuenta del valor que tienen los apoyos visuales para el expositor.

—¿Cuáles debo usar?

—Me voy a referir a los auxiliares visuales con los que puedes interactuar como expositor. Existen recursos audiovisuales, que si bien son útiles como complemento de presentaciones, sobre todo didácticas, hacen a un lado al orador, ya que al contar con imagen y sonido, el expositor se convierte en un espectador más. Al término de la exhibición, el orador podrá añadir comentarios, pero mientras el programa es mostrado no tiene nada que hacer.

—¿Con cuáles se interactúa?

—Primordialmente el rotafolios o su equivalente fijo: el pizarrón, y la proyección del material creado en la computadora.

—Háblame de ellos, Sofía.

—Partamos de lo más sencillo, el rotafolios y su pariente el pizarrón.

—El rotafolios: el caballete para soportar hojas de papel de gran tamaño, y el pizarrón, suelen ser recursos con los que se cuenta en cualquier auditorio, aula o sala de juntas.

—El rotafolios, Alan, tiene la gran ventaja de concentrar la atención visual del auditorio en un área reducida, ya que al complementar nuestras palabras con material escrito o con dibujos, se logra un foco de atención convergente que facilita la captación del mensaje.

—También es posible interactuar con el público al utilizarlo.

—En efecto, se pueden hacer ejemplos numéricos en los que el público propone los valores de las variables; también es posible anotar las ideas u opiniones de la audiencia.

—He notado que para hacer claramente visible lo escrito, el rotafolios, al igual que el pizarrón, deben quedar frontales al público, lo que obliga al expositor, mientras escribe, a dar total o parcialmente la espalda al público, con lo que se rompe el contacto visual que tanto pondera Lidias.

—Cierto, Alan, e incluso es frecuente que se añada el error de hablar mientras se escribe y, como estamos de espaldas a la audiencia, lanzamos nuestras ondas sonoras en sentido contrario adonde está el público, con lo que se pierde claridad.

—¿Cómo evitar este problema, Sofía?

—Escribiendo en silencio, por periodos breves, y voltearse hacia el público para comentar o explicar lo que se acaba de anotar. Alternar así breves periodos de escritura en silencio con los comentarios verbales de frente.

—¿Y en cuanto al rompimiento del contacto visual?

—En el caso del pizarrón, que suele ser un dispositivo fijo, adosado a la pared, no hay solución, pero el rotafolios es más flexible, ya que permite utilizar material preelaborado en el que podemos únicamente señalar, marcar, subrayar lo que ya está escrito, con lo que se reduce drásticamente la falta de contacto visual con el público. Por cierto, si entre una lámina y otra planeamos agregar comentarios desconectados del material mostrado, es conveniente intercalar hojas en blanco, ya que si permanecen a la vista de la audiencia anotaciones obsoletas, éstas se convierten en un material de distracción.

—Por eso he notado que los oradores experimentados antes de iniciar borran el pizarrón o cambian a una hoja en blanco el rotafolios, si quien los antecede en uso de la palabra deja material escrito en el pizarrón o en el rotafolios.

—Es indispensable proceder de esa manera, Alan, como también tener en cuenta que el rotafolios y el pizarrón requieren el uso de letras y números de tamaño suficientemente grande para ser visibles a todo el público;

pero como no se puede exagerar, se debe considerar que estos apoyos visuales están limitados a una audiencia relativamente pequeña, ya que si parte de los asistentes no alcanzan a leer lo que se escribe el recurso se convierte en un problema.

—Sofía, he notado que algunos expositores usan el rotafolios como guía de su mensaje.

—Es válido, incluso puede ser una guía oculta, pues si escribes previamente sobre las hojas del rotafolios con lápiz, en forma suave y sin recargar, a metro y medio, que suele ser la distancia más corta entre el público y el rotafolios, les parecerá a las personas que la hoja está en blanco, pero dado que tú estás a unos cuantos centímetros puedes leer lo que está tenuemente escrito, sólo lo recalcas con el plumón y lo haces visible a todos, aparentando escribir de memoria.

—Pero también he visto que usan el rotafolios como una guía claramente escrita, como un cuadro sinóptico, que permite tener a la vista los puntos de la exposición y su orden.

—En efecto, Alan, en este caso no se coloca el rotafolios frontal al público, sino lateral, para que al expositor le sea fácil observarlo, lo que permite tener la guía sin necesidad de papeles en la mano o estar obligado a una posición fija frente a una mesa o un pódium.

—¿Qué sucede, Sofía, cuando el público es numeroso y no es adecuado usar el rotafolios o el pizarrón?

—La solución es proyectar imágenes, ya que el tamaño de lo que se presenta se puede agrandar lo suficiente para hacerlo visible a públicos numerosos, además de ser el recurso más rico en posibilidades. Para ello, disponemos de las computadoras que nos permiten crear respaldos visuales que pueden ser un complemento idóneo a una exposición.

—Por eso aseguran que una imagen dice más que mil palabras.

—Pero también hay que tener en cuenta que mil palabras en una imagen no dicen nada; por eso, Alan, hay que crear respaldos productivos.

—La computadora, conociendo el adecuado manejo de los programas especiales para crear proyecciones, permite elaborar respaldos visuales muy agradables y productivos sin tener que recurrir a un diseñador gráfico o a un dibujante.

—Desde luego, Alan, es indispensable familiarizarse con el programa de cómputo a utilizar, lo que se consigue mediante los tutoriales que estas herramientas tienen o tomando un curso; pero también hay que tener cuidado en no pretender usar todos los recursos del programa en cada lámina, porque no es raro el uso de figuras en movimiento continuo, estrellas o dibujos que entran y salen con frecuencia, sonidos que se añaden al aparecer los textos, juegos variados para acomodar las letras, y múltiples trucos que pretenden mantener al público muy divertido, pero que sólo consiguen distraer a las personas del mensaje que se presenta.

—Supongo que el consejo es moderación en el empleo de los recursos del programa.

—Exactamente, la proyección tiene la finalidad de respaldar visualmente los conceptos primordiales que presenta el expositor, pero no es un medio de entretenimiento ni de diversión para el público.

—Pienso que tampoco es el sustituto de una buena preparación, porque hay quien llega muy mal entrenado para la exposición confiando en que las imágenes son su guía.

—Atinado comentario, Alan; los auxiliares visuales siempre deben diseñarse para el público y no para el expositor. No son la guía del orador, sino un complemento visual de sus palabras. Incluso, los ensayos del mensaje son más complicados porque deben hacerse con las imágenes proyectadas para familiarizarse con ellas.

—He visto, en relación con la diversión del público, que algunos expositores utilizan como fondo de sus imágenes fotografías, que van cambiando continuamente, mostrando a veces una hermosa cascada, luego una puesta de sol, después un paisaje marino, lo que concentra la atención del público en los fondos y no en el material que respalda la presentación oral.

—Buena observación. El fondo de la imagen debe ser simplemente un respaldo agradable cuya principal función es recalcar la información escrita o ilustrada que se presenta al público, por lo que para un mismo tema es conveniente emplear un mismo fondo, que no sea demasiado llamativo. Los programas de cómputo ofrecen diferentes alternativas para este fin o se puede usar una fotografía que presente una coloración más o menos uniforme para que lo escrito pueda ser claramente leído en cualquier posición en la imagen.

—Supongo, Sofía, que debe haber también uniformidad en el tamaño y color de las letras, de los números, las mismas viñetas a lo largo de todo el tema.

—Además de eso, Alan, usar formatos de letras denominadas «Sans Serif» que carecen de adornos y facilitan la lectura (como: Arial, Calibri, Lucida Sans, Tahoma) y de un tamaño apropiado para su clara apreciación desde la parte más distante del auditorio. Para verificar que el tamaño de las letras es el apropiado, imprime una hoja de tu presentación, colócala en el piso, y si parado puedes leerla con facilidad, tienes el tamaño adecuado.

—En ciertas presentaciones se añade el logotipo de la organización en cada imagen...

—Un logotipo grande, que aparece una y otra vez, suele ser poco agradable, particularmente para personas ajenas a la organización. De tamaño pequeño, en la parte inferior de la imagen, a la derecha del público, puede ser un lugar apropiado y discreto, aunque sería mejor usarlo sólo en la primera y la última lámina de la presentación.

—Cuando se proyecta material creado en la computadora, no sólo hay que manejar los programas, sino también los equipos. ¿No es así, Sofía?

—Cierto, Alan, hay que determinar quién proveerá la computadora y el proyector o la pantalla reproductora, y contar con los elementos para su adecuada interconexión. Se debe saber operar el proyector, particularmente cuando se necesite apagarlo y prenderlo a lo largo de la exposición. Si la presentación se lleva almacenada en algún dispositivo portátil, verificar con anticipación que la computadora tenga cargado el programa que se requiere para leerla, a fin de no encontrarse con problemas.

—Cuando se abre el programa en la computadora, aparecen las barras de herramientas, las regletas, los iconos, y se requiere un tiempo para ubicar la presentación en pantalla. Siento que estos ajustes se deben hacer únicamente en el monitor de la computadora, y cuando ya se tenga la primera imagen a pantalla completa enviarla al proyector para que el público no vea los ajustes previos.

—Me da gusto, Alan, que cuides los puntos finos, porque el éxito está soportado en la suma de pequeños detalles adecuadamente manejados. Otro factor que debe considerarse es el ritmo de cambio de imágenes: una sucesión muy rápida es molesta; dejar una misma proyección visible largo tiempo resulta aburrido. La fórmula es poco material en cada imagen para lograr una cadencia agradable.

—¿Qué sucede, Sofía, cuando no hay los controles remotos o la ubicación de los equipos no le permite al expositor hacer personalmente los cambios de imagen?

—Lo ideal es contar con una persona que conozca bien la presentación y sepa el momento oportuno para la transición de imágenes, pero si esto no es posible, establecer una seña discreta para pedir el cambio, evitando hacerlo de viva voz, para no caer en la molesta cantaleta de: «La siguiente, por favor», una y otra vez.

—Cuando hay que señalar algo en la pantalla, ¿cómo se usa adecuadamente el puntero?

—Como punto de partida, Alan, el puntero debe utilizarse únicamente cuando sea indispensable señalar una casilla de una tabla, un punto de una gráfica, un lugar particular de una imagen. Evitar el abuso de señalamientos innecesarios. Si usas un puntero metálico, manejarlo con el brazo del lado de la pantalla, porque si lo empleamos en el otro brazo, al apuntar algo al otro extremo de la imagen, introduciremos todo el cuerpo en la proyección. Debemos aprovechar que este tipo de punteros son retráctiles, a fin de no dejarlo extendido mientras no lo usemos, porque se convierte en elemento de distracción.

—En cuanto al puntero luminoso láser, ¿qué me puedes comentar?

—Lo primero y fundamental es nunca dirigirlo encendido hacia nuestra vista, porque podemos sufrir un daño grave en los ojos, y por lo mismo tampoco hacia el público. Para probarlo, dirige la luz hacia la palma de tu mano. Hacer el señalamiento a la pantalla y apagarlo; no dejarlo encendido, porque un leve movimiento de un centímetro en nuestra mano provocará un vaivén amplio del punto luminoso en la pantalla, que sólo provoca distracción. Resulta conveniente utilizar el dispositivo que combina el puntero láser y el control de cambios de imagen, para no tener que caminar a la computadora o tener que estar parado junto a ella.

—Con frecuencia, Sofía, los expositores proyectan páginas repletas de palabras y se dedican a leerlas textualmente, como si el público no supiera leer, pero además la exposición resulta tediosa. Para eso no hay necesidad de reunirse, nos pueden enviar su texto y cada quien lo analiza en forma individual.

—El desconocimiento de la técnica para respaldar una presentación con imágenes, o la abulia en la preparación de la exposición, Alan, conduce a las personas a proyectar sus apuntes llevando al público al insulso juego de «lean ustedes conmigo», que resulta además improductivo. Si se quieren proyectar palabras se deben emplear títulos, frases breves, palabras aisladas. Pocas palabras proyectadas, aunadas a la voz del expositor, consiguen sumar ojos y oídos del público en la captación del mensaje.

—¿Hay un número idóneo de palabras en una imagen?

—La recomendación es usar la regla de 6×6, que aconseja no más de seis renglones en una imagen y no más de seis palabras en cada renglón Cuando se proyectan imágenes, el público hace uso de su memoria de corto plazo, con la cual los seres humanos podemos retener con facilidad entre cinco y nueve palabras. Seis es un número conservador.

—¿Qué sucede si el expositor tiene que presentar un texto más amplio, digamos un artículo de un reglamento, que no puede mostrarse parcialmente?

—En ese caso, puede proyectar en una primera lámina el artículo completo, incluso invitar a una persona del público a que lo lea para todos, pero a continuación presentar otra imagen, en donde con un mínimo de palabras señale el objetivo primordial del texto anterior, ya que no se pretenderá que de una pasada el público se aprenda textualmente el artículo, pero sí es útil que recuerde la razón de su importancia, lo que se logra con la segunda imagen y no con la primera.

—Se me ocurre, en función de lo que mencionas, Sofía, que si el público necesita estudiar textos amplios, el orador puede entregarles una copia de sus notas, tan completa como quiera, pero al hacer su exposición, sus imágenes de apoyo deben cumplir la regla de seis por seis.

—Buena solución. Conviene entregar los textos escritos al final de la presentación para que el público no se distraiga con ellos, a menos que se trate de un proceso didáctico en donde se interactúe con el material durante la exposición.

—Tengo también la impresión, Sofía, de que se desaprovecha en ocasiones el recurso visual. Escuché hace poco una conferencia en la que se presentaba una tabla que mostraba la producción de cítricos en diversas regiones del país, exclusivamente con números y letras. Se me ocurre que si hubiera añadido a la proyección imágenes de naranjas de tamaño proporcional a la producción de cada zona, el efecto visual hubiera sido más eficaz.

—Me da gusto, Alan, que seas observador. Mejorar, corrigiendo nuestros propios errores, es más lento que reconocer en las fallas ajenas las oportunidades de superación. Usa colores en tus imágenes, sin que sean demasiados. Resultan más agradables que las figuras en blanco y negro y evita letreros pequeños de difícil lectura; agrega ilustraciones o fotografías alusivas a los textos.

—Es frecuente ver proyectadas tablas con múltiples renglones y columnas. ¿Qué se puede hacer para facilitar al público su interpretación?

—Si necesitas que los asistentes conozcan la tabla por ser un instrumento de trabajo que deben manejar, puedes presentarla completa en una primera imagen, pero nuevamente, para simplificar la explicación de su funcionamiento, a continuación presenta un solo renglón o una sola columna, ya sea fuera de la tabla o resaltando esta información sobre el resto de la tabla que se muestre oscurecida. Poca información visible para la audiencia ayuda a su comprensión.

—El uso de gráficas de barras, tridimensionales, es ideal para una proyección, ¿no es así, Sofía?

—Desde luego; dar a conocer distintos resultados numéricos, en diferentes periodos de tiempo, en forma comparativa, exclusivamente con palabras, es casi imposible que sea asimilado por el público; mostrado en una gráfica, todos lo captan; incluso personas que no hablen nuestro idioma pueden entender lo que se presenta. Es útil tener en cuenta que el material proyectado en forma horizontal es más fácil de retener en la mente que el mostrado en forma vertical. Esto se relaciona con el hecho de que hemos acostumbrado a nuestros ojos a realizar recorridos más frecuentes de izquierda a derecha, por la lectura, que de abajo hacia arriba o viceversa.

—¿De acuerdo con esto, cuál es el orden más apropiado para describir una imagen? Dame un ejemplo.

—Si tuvieras que hablar de las fronteras de la parte continental de Estados Unidos mostrando un mapa del país, empieza citando que este país colinda al oeste con el Océano Pacífico; al este con el Océano Atlántico; al norte con Canadá, y al sur con México y el Golfo de México, de esta manera sigues el orden de lectura de una página: primero de izquierda a derecha y después de arriba para abajo.

—En cuanto a gráficas, existen también las lineales y las de pastel. ¿Qué me puedes indicar de ellas?

—Las gráficas lineales te sirven para mostrar, por ejemplo, el comportamiento de diversas variables a lo largo de tiempo. Ten cuidado de no colocar demasiadas variables porque en lugar de un apoyo visual puedes sembrar confusión en el público. También vigila que el fondo de la gráfica no dificulte su captación. Un fondo azul verde hará que las líneas de color verde o azul tenue se pierdan o se confundan. Por lo que se refiere a las gráficas de pastel, son ideales para mostrar porcentajes, y aquí también pon atención para que los gajos contiguos sean de colores contrastantes para que se distingan. Dentro o fuera de la rebanada del pastel, escribe con número el porcentaje correspondiente para que la información sea identificada con precisión.

—¿Qué opinas, Sofía, del síndrome del conversador con la pantalla?

—Es un error frecuente que el expositor se olvide de su público, se voltee a la pantalla, y la conferencia se la dé a las imágenes proyectadas. En ocasiones, el orador no llega a dar la espalda al auditorio, pero se coloca de perfil a la audiencia, olvidándose de ver a un sector de público, al que incluso le puede estar dando la espalda, y además, en esta posición, es común que mantenga la mirada por periodos prolongados en la pantalla. El orador conoce la proyección, es su autor, de modo que debe pararse a un lado de la pantalla, donde no bloquee la visión de las imágenes a nadie, y debe mantener el contacto visual lento y ordenado sobre el público; de reojo, o a través de la pantalla de la computadora que tiene de frente, sabe lo que se está proyectando, y sólo debe llevar la vista a la proyección cuando requiera hacer un señalamiento con el puntero; de no ser así, el expositor se olvida de lo proyectado y atiende visualmente a su público.

—Hay oradores tan descuidados que colocan parte de su cuerpo sobre la luz del proyector y empiezan a mostrar imágenes de sombras de su persona, encima de sus auxiliares visuales.

—O que se acercan mucho al público y estorban la visión de las imágenes a los que se encuentran sentados al frente. Por eso, la posición adecuada del expositor es parado a un lado de la pantalla donde se proyectan las imágenes.

—¿Si se decidió utilizar auxiliares visuales es necesario presentar imágenes en todo momento?

—No, Alan, sólo cuando sean un apoyo positivo a la exposición. Si suspendes la proyección por un periodo prolongado, puedes apagar el proyector; si se trata de un periodo breve sin imágenes, puedes optar por tapar con algún objeto la luz del proyector o pedir a través de la computadora una imagen ciega.

—He notado, Sofía, que en algunas de tus láminas colocas un pequeño número en una esquina inferior, ¿por qué?

—Señalan minutos; son pequeñas marcas de tiempo que me ayudan a verificar que voy avanzando al ritmo que tengo planeado para la presentación.

—La tiranía del tiempo.

—No, Alan, el tiempo sólo mide nuestra capacidad de realización. Vivimos para momentos breves de plenitud y hablar en público es un buen ejemplo: requiere múltiples horas de preparación para cortos minutos de actuación, pero ese paso breve por la tribuna puede tener consecuencias para toda la vida.

—¿Qué consejos adicionales puedes darme, Sofía?

—Nunca me cansaré de reiterar la fórmula mágica para que los auxiliares visuales proyectados sean un complemento productivo para la exposición: menos material proyectado en la pantalla da mejor resultado. Te voy a dar un ejemplo con un material que tengo en mi computadora —dijo Sofía, abriendo un archivo en su pantalla—. Siéntate a mi lado, Alan, y observa la pantalla mientras yo te leo este texto que dice: «América Central está integrada por siete países, ubicados entre México y Colombia, y cuenta con una extensión de 540 000 kilómetros cuadrados. El país más grande de esta zona es Nicaragua, que al contar con 148 000 km² ocupa 27% de la región; el segundo lugar en tamaño corresponde a Honduras, cuya superficie es de 112 000 km², o sea 21% del área total, y el tercer lugar lo ocupa Guatemala que con sus 109 000 km² representa 20% de la superficie de América Central». Sin volver a ver este texto, Alan, dime, ¿qué porcentaje de la extensión de América Central ocupa Nicaragua?

—No... lo recuerdo, Sofía.

—Ahora, Alan, si me refiero a los tres países más pequeños en superficie de América Central y te pido que observes en mi pantalla lo siguiente: «El Salvador = 4%; Belice = 4.3%; Costa Rica = 9.5%». Sin ver la computadora, dime el porcentaje de extensión de América Central que ocupa El Salvador.

—Cuatro por ciento, Sofía.

—Como verás, menos información produce mejor resultado.

—Me queda claro, Sofía. Por otro lado, al usar la computadora y el proyector, siempre me ha preocupado manipular equipos electrónicos y electromecánicos que pueden fallar.

—Un temor lógico, que puede eliminarse estando preparado. Cuando anticipas una falla, estás listo con una solución alterna y el problema se resuelve con prontitud. Tener equipos de respaldo puede ser una solución, pero considerando el peor escenario: una falla del suministro eléctrico en horas del día, donde se pueden abrir las cortinas del salón para iluminarlo con luz solar y el expositor basado totalmente en sus imágenes. Si una gráfica, una tabla, es fundamental para la exposición, puede llevar copias fotostáticas para el público, o contar con un buen original y haber estudiado previamente donde se obtienen copias con prontitud. Aunque no haya proyección, las personas tienen frente a sí la tabla, la gráfica, y el expositor puede transmitir su mensaje con este apoyo.

—Se me ocurre que otra solución es llevar el material fundamental en hojas de rotafolios que, aun cuando no se cuente con el dispositivo de apoyo, se pueden pegar en la pared y servir de apoyo visual.

—Bien pensado, Alan. La ventaja es que los avances tecnológicos hacen cada día más confiables los equipos, y cuando sea posible respaldar una presentación con imágenes vale la pena hacerlo, siempre y cuando tengas presente que el material que proyectas al ir exponiendo sirva para alimentar la vista del público como un complemento de las palabras que escucha. Es fundamental que exista una total sincronía entre lo que dice el expositor y lo que el público ve proyectado en la pantalla. El expositor da a conocer sus ideas y los oyentes tienen, en pocas palabras, una síntesis visual de lo que se les comunica.

—Todo esto me hace pensar en los muchos años que nos separan de Lidias y Juan el Bautista, Sofía.

—La comunicación, Alan, borra el tiempo: hoy Lidias sigue enseñando porque tenemos sus escritos; hoy Juan el Bautista sigue predicando porque sus palabras han quedado prisioneras en la tinta. Su ejemplo nos invita a dejar huella de nuestro paso por la Tierra sirviendo a nuestros semejantes, y como en la Palestina del siglo primero, la palabra sigue siendo el vínculo que nos presenta ante los hombres, y aunque la apoyemos con herramientas de nuestro tiempo, es la inteligente y sincera confesión de nuestras ideas, presentadas con palabras, la que nos acredita como personas de valía, la que nos abre las puertas que se interponen en nuestro camino, la que nos conquista el amor y la amistad de nuestros congéneres. Somos hombres porque pronunciamos sonidos que tienen magia, inteligencia, creatividad, convencimiento: las palabras tienen alma. Nuestra vida se cincela con palabras; aprender a usarlas bien es aprender a ser hombres de bien.

Lección

Al usar el micrófono, recordar que se debe descargar siempre la voz sobre él; graduar su altura para que nos quede exactamente a la altura de la boca, y encontrar y mantener la distancia apropiada.

Usar ademanes normalmente cuando el micrófono se encuentre fijo. Manejar un volumen de voz como en una conversación con una persona a un metro de nosotros.

Si nos entregan el micrófono sin soporte, anclar el brazo que lo sostenga, pegando el codo al costado del cuerpo.

Utilizar el pizarrón y el rotafolios sólo con públicos reducidos en donde todos puedan leer con claridad, y no hablar mientras se escribe. En el rotafolios, si es posible, utilizar material preelaborado para reducir el rompimiento del contacto visual. No dejar visible material ajeno a lo que se expone en el momento.

Al usar la computadora para crear material y proyectarlo, hay que saber manejar bien tanto los programas como los equipos, sin abusar de los recursos de los primeros, recordando que se trata de complementar con imágenes las palabras del expositor y no de divertir al público. El material debe elaborarse para la audiencia y no como guía del orador.

Colocarse al lado de la pantalla, sin obstruir la proyección a nadie, manteniendo el contacto visual con el público y sólo ver la pantalla cuando haya que hacer un señalamiento en la imagen, usando el puntero, cuando sea indispensable, con la mano del lado de la proyección. Con el puntero láser, cuidar de no dirigirlo encendido a nuestros ojos ni hacia la audiencia. Apagarlo cuando no se usa.

Tener presente que menos material proyectado siempre dará mejor resultado.

Contar con planes alternos ante la eventual falla de los equipos de proyección.

Ejercicio

Escoger libremente un tema y preparar un mensaje de cinco minutos. Respaldar la presentación con imágenes creadas en la computadora. Si no se cuenta con equipo de proyección, usar la pantalla de la computadora.

Si no se dispone de computadora, emplear hojas de rotafolios o de tamaño menor y dibujar en ellas los respaldos visuales para la exposición.

Epílogo

A un discurso que fue pronunciado el 11 de septiembre del año 490 a. C. debemos, usted lector y yo, nuestra manera de pensar y de actuar.

Aquel día se reunieron en Maratón los diez generales que comandaban el ejército ateniense. Frente a ellos se encontraba emplazado el poderoso ejército de los persas, que superaba, en número de combatientes, a los griegos, en proporción de seis a uno.

Dada esta gran desventaja numérica, cuatro de aquellos generales proponían pactar una rendición; otros cinco pensaban que si parapetaban sus tropas en los altos del valle, tal vez pudieran resistir el embate de los persas. Sólo un general, Milcíades, tenía un punto de vista distinto; opinaba que si atacaban de inmediato y sorpresivamente a los persas, podrían derrotarlos.

Milcíades debió haber pronunciado su discurso ante los demás generales con tanta fuerza y convicción, que logró persuadirlos, y al día siguiente, bajo el comando de Milcíades los griegos atacaron a los persas, quienes no esperaban que un ejército tan reducido los acosara. Tan confiados estaban los persas que no habían desembarcado sus cabalgaduras. El resultado fue una contundente victoria de los atenienses.

Cabe señalar que al término de esta batalla se escogió al corredor más rápido con que disponían los griegos, a Filípides, para que fuera a llevar la buena nueva a Atenas.

Después de combatir arduamente durante todo el día, Filípides emprendió veloz carrera a la ciudad, recorriendo una distancia aproximada de cuarenta y dos kilómetros. Llegó extenuado, alcanzó a comunicar la noticia de la victoria y cayó muerto debido al esfuerzo realizado.

Para conmemorar esta hazaña todavía actualmente se sigue celebrando en las justas atléticas la carrera de maratón, sobre una distancia similar a la que aquel día recorrió Filípides.

Tal vez, estimado lector, se pregunte, ¿qué tiene todo esto que ver con nosotros hoy día?

En el año 490 a.C., en el que se desarrolla esta batalla, nace Pericles, quien llegaría a ser gran gobernante de Atenas; está por nacer Sócrates y está por iniciarse el siglo de oro de la cultura griega. Ese periodo maravilloso de la historia vio actuar a la trilogía maestro-alumno, en tres generaciones sucesivas, más famosa de la historia, integradas por Sócrates, maestro de Platón y Platón maestro de Aristóteles.

Si Milcíades no hubiera pronunciado aquel discurso en forma convincente, lo más probable es que los persas hubieran derrotado a los atenienses, y no serían los griegos los forjadores del pensamiento de occidente, de la manera de pensar y de actuar de usted y mía.

Tal vez ni a usted, estimado lector, ni a mí, nos sea dado pronunciar un discurso que pueda cambiar el futuro de la humanidad, pero sí le puedo decir que diariamente, cada uno de nosotros, pronunciamos pequeños discursos, y de cómo lo hagamos va a depender, en gran medida, nuestra posición social, nuestra situación económica, nuestros triunfos profesionales e incluso, nuestros éxitos en los campos de la amistad y el amor.

Por ello, una cordial invitación para que continuemos profundizando en nuestra capacidad para comunicarnos con los demás con la mayor eficiencia posible. Un camino para lograrlo es realizar los ejercicios que aparecen al final de cada capítulo y también tomar un curso de técnicas para hablar ante grupos que incluya presentaciones evaluadas por un instructor, lo que nos permitirá llevar a la práctica las enseñanzas de Lidias.

Si sabemos, pero no sabemos expresar lo que sabemos, es como si no supiéramos.

Las mejores técnicas para hablar en público de Carlos Brassel
se terminó de imprimir en el mes de diciembre de 2023
en los talleres de
Grafimex Impresores S.A. de C.V.
Av. de las Torres No. 256 Valle de San Lorenzo
Iztapalapa, C.P. 09970, CDMX,